DIGITAL

Liebe Leserinnen und Leser,

Lars Charbonnier,
PGP-Schriftleiter

Ich respektiere das Gegebene.
Daneben aber freilich auch das Werdende,
denn eben dieses Werdende
wird über kurz oder lang
abermals ein Gegebenes sein.
Das Alte sollen wir lieben,
das Neue sollen wir leben.

So schreibt Theodor Fontane in seiner Weisheit. Und der renommierte Managementlehrer Peter Drucker warnt sogar: „In times of change the greatest danger is to act with yesterday's logic." Die heutige Logik, das heutige Verständnis der Welt, das Werdende ist schon sehr von den neuen digitalen Technologien geprägt – das Morgige wird es erst recht sein. Kaum ein Lebensbereich und sicherlich kein Bereich der Arbeitswelt wird nicht von digitalen Transformationen und Künstlicher Intelligenz verändert werden. Es geht um weit mehr als wenig soziale Social Media und hochintelligente Staubsauger. Aber um was genau? So einfach ist es eben nicht, die neue Logik zu beschreiben, wenn man sie noch nicht kennt. Da braucht es viel Ausprobieren, Fantasieren, Querdenken, und dazu braucht es Mut und Zeit und manchmal auch Geld. Auch in der Kirche, in den Gemeinden.

Wo neue Herausforderungen aufkommen, treten alte Fragen wieder hervor: Wer steuert den Wandel? Wem dient der Wandel? Dürfen wir alles, was geht, und wer macht es sonst? Was für die Gesellschaft im Ganzen gilt, gilt in unterschiedlicher Reichweite und Qualität für ihre Teilbereiche, auch für die Bildung. Der Digitalpakt mag Voraussetzungen ermöglichen, um am Ort der Schule digital am Puls der Zeit sein zu können – die wesentlichen Fragen stecken aber auch hier in den konzeptionellen und inhaltlichen Herausforderungen.

All diesen Herausforderungen sieht sich auch die Kirche, sieht sich auch die Gemeindepädagogik gegenüber gestellt. Zwar blickt der Protestantismus auf eine enge Verbindung mit der Mediengeschichte zurück, aber die Unsicherheit und die Fragen angesichts des digitalen Wandels sind auch hier groß. Und zugleich wächst das Angebot, sprießen Ideen und Gestaltungsvorschläge rund um digitale Tools und Methoden – das Thema rückt seit wenigen Jahren, aber nun zunehmend in den Fokus verfasst-kirchlicher Aufmerksamkeit.

In aktuelle Diskurse und ambivalente Herausforderungen wollen wir mit dieser Ausgabe der PGP einführen. Unser Schwerpunkt liegt deutlich auf der digitalen Wirklichkeit und den Möglichkeiten, sie in das gemeindepädagogische Handeln schon heute einzubeziehen. Viele bereits bestehende erfolgreiche Projekte und Methoden mit digitalen Medien und digitaler Kommunikation stellen wir vor, geben Praxisanregungen und Informationen für konkrete Umgangsweisen. Denn es sind die Fragen des „Wie" zu erörtern, die Fragen nach den Zusammenhängen und Konsequenzen innerhalb der neuen Logik „digitales Zeitalter", nicht mehr die Frage des „Ob".

Mir hilft es, in all diesen Entwicklungen auf eine sichere Basis bauen zu können. Gerade in diesen österlichen Zeiten ist sie sehr präsent, etwa im Monatsspruch für den April: Jesus Christus spricht: „Siehe, ich bin bei euch alle Tage bis an der Welt Ende." In diesem Sinne, ob ganz papier-analog oder digital – Ihnen viel Freude beim Lesen!

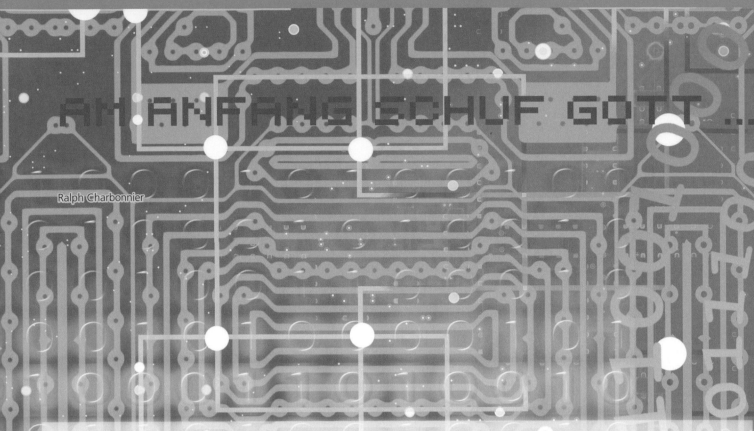

AM ANFANG SCHUF GOTT ...

Ralph Charbonnier

Vor allem Anfang der Welt fragt sich Gott in Ansehung seiner absoluten Potentialität: „Bleibt es beim Nichts oder soll etwas sein? Ja oder nein? 0 oder 1? Nicht leicht zu entscheiden. Bei jeder Entscheidung muss ich mit den Konsequenzen leben. Keine Schöpfung – dann auch kein Schöpfer, auch kein Erlöser und Vollender!? Doch eine Schöpfung – dann wäre die Frage: Welche Schöpfung? Die beste aller möglichen Schöpfungen, unter dem mach ich es nicht! Sie wäre zwar großartig, aber zugleich endlich, sündig, erlösungsbedürftig. Ich würfle nicht, ich treffe eine Entscheidung, aus Liebe, für das Leben, Daumen rauf, 1. Die Schöpfung soll es geben – mit allen Konsequenzen."

Und das heißt: Mit Licht und Finsternis, Himmel und Erde, Festland und Meeren, Tag und Nacht, Abend und Morgen, Pflanzen und Tieren, Herrschern und Beherrschten. Gott – ein Meister des Digitals. So sahen es die Schreiber der ersten Schöpfungserzählung. Gott der Entscheider. Gott der Unterscheider. Allerdings mit Weisheit: Zwischen 0 und 1 gibt es unendlich viele Zahlen, zwischen Licht und Finsternis gibt es viele Zwischentöne, zwischen Himmel und Erde gibt es den Weltraum und Atmosphären. 0 und 1 sind Grenzwerte des Lebens. Das Leben ist mehr. Und wenn Gott dabei ist, sprechen wir von der Fülle des Lebens. 0 und 1 vermögen sie nicht zu fassen – aber zu vermitteln.

Gottfried Wilhelm Leibniz dachte weiter, wo Gott aufhörte – nicht weil er es nicht gekonnt hätte in seiner absoluten Potentialität. Nein, weil es Menschensache ist, Mathematik, das Rechnen mit Digitalem und Analogem. Leibniz' Idee: Reiht man Nullen und Einsen in bestimmter Weise aneinander, lassen sich alle Sprachen, Zeichen- und Zahlensysteme dieser Welt miteinander kombinieren. Er kam darauf im Jahr 1697! Es folgten 300 Jahre Inkubationszeit. Dann 1937 der erste Rechner, der mit mechanischen Elementen zwischen 0 oder 1 schalten konnte. 1964 elektronische Schalter im IBM-Großrechner. 1991 die Verbindung der weltweit verstreuten Schaltgeräte im Internet. 2019 schieben weltweit ca. 12 Mrd. digitale Geräte unzählige Bits, Nullen und Einsen durch Leitungen und den Äther. Alles, was messbar ist, kann in Nullen und Einsen, in die kleinsten digitalen Einheiten, in Bits umgewandelt werden. Alle Bits sind mit allen Bits zu kombinieren – weltweit, kulturinvariant, mobil, in Echtzeit. Pure Potentialität. Manche sehen darin Allmacht, Allwissenheit, Allgegenwart. Leibniz jedoch, als Mathematiker und Erfinder der Infinitesimalrechnung war vorsichtiger. Er warnte, ganz nüchtern: Es gibt eine Grenze zwischen dem Vielen und der Fülle. Und als Theologe und gläubiger Christ sah er: Die Fülle ist Gottes Sache. Es bleibt die kategoriale Differenz zwischen Gott und Mensch. Konsequenz: Die digitale Potentialität ist Macht – aber relative Macht, zu verantwortende Macht.

Eine Theologie der Macht ist gefragt. Der Theologe Paul Tillich titelte im Jahr 1969 eine kleine Schrift: „Liebe – Macht – Gerechtigkeit". Eine tragfähige Trias auch für Digitales im 21. Jahrhundert. Liebe, Agape als Kriterium für die Aus-

AUCH DIE 0 UND DIE 1

übung von Macht. Macht nach dem Kriterium der Liebe ausgeübt, um Leben zu fördern und Zerstörerisches zu überwinden. Gerechtigkeit als Form, in der Liebe mit Macht wirklich wird. Also: Es geht um Gerechtigkeit im Digitalen – auch als Aufgabe der Gemeindepädagogik. Besonders in der Form der Befähigungsgerechtigkeit: Fertigkeiten einzuüben im Umgang mit digitalen Geräten, Apps, Benutzeroberflächen, Messengerdiensten und anderen digitalen Anwendungen. Doch, folgen wir dem Theologen und Autor einer Erziehungslehre Friedrich D. E. Schleiermacher (1768–1834): Mit der Ausbildung von Fertigkeiten muss Gesinnungsbildung einhergehen. In der digitalen Welt heißt das: Ethische Aspekte der digitalen Technologie zu kennen und mit ihnen umgehen zu lernen. Das Feld ist weit. Darum hier nur ein paar Schneisen:

Digitale Medien sind sensibel. Sensoren nehmen auf, was physikalisch messbar und zählbar ist. Sie blenden anderes aus: Geist, Atmosphäre, Emotionen, Hoffnungen, Glauben. Digitale Medien schaffen damit Wirklichkeit, prägen Wirklichkeit, formen Wirklichkeit – wie andere, analoge Medien auf ihre Weise auch. Das ist nicht zu verdächtigen oder gar zu verdammen, aber wahrzunehmen, zu berücksichtigen.

Digitale Medien kombinieren Daten aus unterschiedlichen, nicht immer bekannten Quellen, in großen Mengen, nach meist intransparenten Algorithmen, zu bestimmten Zwecken (BigData). Wer sich in seiner Informationsbeschaffung, politischen und ethischen Urteilsbildung und in seiner Entscheidungsfindung im Alltag nicht fremdbestimmen lassen will, muss diese (informations-)technologische und ökonomische Medienwirklichkeit hinreichend gut verstehen, um mit ihr kritisch und selbstbestimmt umgehen zu können.

Digitale Medien wirken auf spezifische Weise in Kontexten ihres Einsatzes. Sie verändern Grenzen zwischen Privatsphäre und Öffentlichkeit, sie schaffen öffentliche Diskursräume, sie ermöglichen fast unbegrenzte Kommunikation mit Bild und Ton und verändern Kommunikationskulturen, sie ermöglichen neue Formen der Vereinbarkeit von Familienleben und Berufstätigkeit, verändern die Arbeitswelt und die Wissenschaften. Kurz gesagt: Kein Bereich des Lebens bleibt von Veränderungen ausgespart.

Befähigungsgerechtigkeit im Digitalen als Thema der Gemeindepädagogik: Recht umgehen zu lernen mit digitalen Medien, technisch wie ethisch.

Wenn es um Gerechtigkeit im Digitalen geht, ist auch die Frage nach Gottes Gerechtigkeit im digitalen Raum gestellt. Es hilft die Einsicht: Immer ist die Kommunikation des Evangeliums medial. Ursprünglich von Mensch zu Mensch, bald auch durch Briefe und Evangelien, später durch gedruckte Bibeln und Flugblätter, ab der Aufklärung durch Bücher und Zeitungen, im 20. Jahrhundert ergänzt um Radio und TV, heute um Smartphone, Tablet und PC. Die Gerechtigkeit Gottes sucht sich ihren medialen Weg. Wir haben ihn zu gestalten – pädagogisch verantwortlich, gerecht.

OKR Dr. Ralph Charbonnier ist Referent für Sozial- und Gesellschaftspolitische Fragen im Kirchenamt der EKD, Hannover und u.a. zuständig für theologisch-ethische Aspekte der Digitalisierung.

Alter Wein in neuen Schläuchen –

oder: Gibt es eine digitale Gemeindepädagogik?

Tobias Thiel

Alter Wein in neuen Schläuchen – so lautete der Titel des Gemeindepädagogentags 2018 in Neudietendorf.[1] Darf man den guten alten Wein in neue Schläuche füllen? Oder wird er dann unter Wert verkauft. Wäre das nicht sogar Betrug? Einig sind sich Mitarbeitende und Laien vermutlich darin, dass die Kirche eine alte, aber gute Nachricht zu überbringen hat. Dazu gibt es viele Geschichten, die oft in alter, manchmal aber auch in moderner Sprache erzählt werden. Gleichzeitig digitalisiert sich unsere Gesellschaft auf allen Ebenen. Besonders sichtbar wird das am Medienkonsum von Kindern und Jugendlichen. Das Smartphone, das gerade selbst erst etwas mehr als zehn Jahre alt ist, ist inzwischen ein permanenter Begleiter. Es sichert die Verbindung zu Freunden und Familie sowie den Zugang zu Videos, Spielen und Informationen. Oft fragen Gemeindepädagogen, ob wir als Kirche überhaupt digitale Räume bespielen müssten. Dahinter stehen Ängste vor den neuen Technologien, aber auch die Idee, dass es gerade die kirchliche Kernkompetenz sei, gute – analoge – Gespräche zu führen und dafür Räume zu gestalten. Smartphone und Computer brauche es dann nicht. Tatsächlich gibt es in unseren Landeskirchen viele Orte, in denen das sehr gut gelingt. Allerdings kann man m. E. das eine erfolgreich weiter tun und darf das andere trotzdem nicht lassen.

Wenn Kirche ihren Missionsauftrag ernst nimmt, sollte sie wenigstens von denen gefunden werden, die sich schon für sie interessieren. Der ganz große Teil der Menschen sucht heute zuerst über eine Suchmaschine im Internet oder in sozialen Netzwerken und nicht mehr im Telefonbuch und auch immer seltener auf einer Landkarte. Kirche muss deshalb im Netz gefunden werden. Das klingt trivial, wenn man aber nach den kirchlichen Strukturen im eigenen Umfeld sucht, sind diese oft nur schwer zu finden. Auf der Seite des Kirchenkreises Wit-

tenberg findet man Anfang 2019 z. B. unter Veranstaltungen die Angebote von ungefähr drei Gemeinden und die Gottesdienstzeiten 2018 ausschließlich für Kirchen in der Lutherstadt.[2] Viele Gemeinden haben eine Webseite, die oft allerdings ehrenamtlich und oft auch nur zeitweise gepflegt und aktualisiert wird. Nur wenige Gemeinden bieten ihren Mitgliedern an, sich mit ihnen auf Augenhöhe zum Beispiel in sozialen Netzwerken auszutauschen. Es lohnt sich auch zu prüfen und gegebenenfalls zu korrigieren, was Google über eine Gemeinde oder Einrichtung bei einer Suche anzeigt. Noch schöner wäre es, wenn Kirche als Ort für bestimmte Lebenssituationen (Taufe, Hochzeit, …) einfach auffindbar wäre. Wie das aussehen kann, sieht man, wenn man bei Google nach Suizid sucht und automatisch auch die Telefonseelsorge angezeigt bekommt. Die Rheinische Kirche startete 2019 ein Pilotprojekt, in dem sie versucht, Sprachassistenten wie Alexa beizubringen, dass sie die nächsten passenden Gemeindeangebote findet.[3]

Die Beispiele sollen zeigen, dass es auch für die Gemeindepädagogik höchste Zeit ist, sich auf die digital-analog verschränkte Welt einzulassen. Kirchliche Präsenz in der digitalen Welt kann helfen die Botschaft der Liebe Gottes zu allen Menschen dort sichtbar und erfahrbar zu machen. „Lasst Euer Licht leuchten unter den Menschen" (Matthäus 5,14), bedeutet dann, dass Kirche mit ihren vielfältigen Erfahrungen da sein muss, wo die Menschen sind. Und mal Hand aufs Herz: Auch fast alle Menschen in der Kirche nutzen das Internet und das Smartphone zur Informationsbeschaffung, für Fotos und zur Kommunikation. 2016 waren schon 35 Prozent der Kinder im Alter von sechs bis sieben Jahren regelmäßig online. Bis zum Konfirmandenalter steigt diese Zahl auf 94 Prozent. 2018 besaßen 97 Prozent aller Jugendlichen ein Smartphone. Kleine Kinder nutzen das Internet vor allem zu Hause. Von Jahr zu Jahr steigt dann auch die Nutzung bei Freunden und unterwegs. Kommunikation und Videos sind die wichtigsten Dienste, gefolgt von sozialen Netzwerken. Zwei Drittel aller Kinder im Konfirmandenalter spielen regelmäßig Videospiele.[4]

Die Herausforderung für die Gemeindepädagogik ist es, adäquate Angebote zu (er)finden, die an diese Lebenswelt von Kindern und Jugendlichen anknüpfen. Dabei lohnt es sich zu schauen, welche digitalen Tools die Teilnehmenden nutzen, und mit ihnen gemeinsam zu überlegen, welche Inhalte sich damit bearbeiten lassen. Dann kann man z.B. in Videospielen oder in einem Messenger Bibelgeschichten neu erzählen oder gemeinsam mit oder für Gemeindegruppen Quizze und Onlineabfragen erstellen. Aktuelle Themen lassen sich in Handyfilmen, Foto-Storys, Podcasts, Erklärvideos und digitalen Stadtrallyes verarbeiten. Und dank des Internets findet man für all diese Anwendungen bereits Praxisbeispiele, an denen man sich orientieren kann.[5]

Wenn sich Gemeindepädagogik auf diesen Weg begibt, werden auch neue Potenziale geweckt. Zuerst lassen sich dadurch neue Mitstreiter gewinnen. Vielleicht gelingt es, dass Jugendliche die Verantwortung für Berichte in sozialen Netzwerken übernehmen. Oder es werden neue Zielgruppen, z.B. Videospieler und -spielerinnen, erreicht, die sonst wenig Bezug zum eher bildungsbürgerlichen kirchlichen Milieu haben. Mit neuen Arbeitsformen können auch die Inhalte neu verstanden und anders zugänglich gemacht werden. In der Arbeit mit digitalen Medien kann den Teilnehmenden mehr Verantwortung und Freiheit für die Inhalte und die Gestaltung des Prozesses gegeben werden. Auch das kann entlastend sein.

Es gibt aber noch einen Grund mehr, die Augen nicht zu verschließen und nicht nur auf das Alte zu vertrauen. Die Digitalisierung der Gesellschaft beschränkt sich nicht auf Smartphones, Internetrecherchen und Computerspiele. Vielmehr sind inzwischen tausende Produktionsprozesse weltweit vernetzt. Der Finanzsektor arbeitet fast ausschließlich automatisiert. Sukzessive übernehmen Autos immer größere Teile der Steuerung selbstständig. Und diese Liste ließe sich noch lange fortsetzen. Wenn Christinnen und Christen sich weiterhin in der Verantwortung für diese – sich zunehmend digitalisierende – Gesellschaft sehen wollen, können sie nicht nur vom Spielfeldrand kommentieren, sondern müssen sich auf die Menschen in dieser Welt einlassen und mit ihnen gemeinsam nach gesegneten Wegen suchen.

Anmerkungen

1 Die Präsentation des Inputs beim Fachtag, ein Video sowie die Links aus diesem Beitrag können hier nachgeschaut werden: <https://j-a-w.de/bericht/alter-wein-neuen-schlaeuchen>.

2 So stellt sich die Situation zumindest Anfang des Jahres 2019 auf diesen Seiten da: <http://www.kirchenkreis-wittenberg.de/kalender/gottesdienste-im-kirchenkreis> und <http://www.kirchenkreis-wittenberg.de/kalender/gottesdienste-im-kirchenkreis>. Diese und alle weiteren Links wurden am 13.3.19 zuletzt erfolgreich überprüft.

3 Vgl. Beitrag auf der Webseite der Evangelischen Kirche im Rheinland. Rekowski: Wir müssen als Kirche bei Google, Apple und Alexa auffindbar sein: <https://www.ekir.de/www/service/pm-rheinische-kirche-startet-pilotprojekt-zu-digitalen-31394.php>.

4 Vgl. KIM-Studie 2016 und JIM Studie 2018: <https://www.mpfs.de/studien>.

5 Bibelgeschichten und weitere Projekte mit Minecraft findet man auf den Seiten der Jungen Akademie der Evangelischen Akademie Wittenberg: <https://www.j-a-w.de/minecraft-bibelgeschichten>. Lutz Neumeier entwickelt Storytelling mit Whatsapp und Instagram: <https://material.rpi-virtuell.de/autor/lutz-neumeier> sowie <http://neumedier.de> und Steffen Weusten erstellt mit Konfirmanden Erklärvideos als „Paper Clips": <https://blogs.rpi-virtuell.de/praxiskonfirmandenarbeit> (letzter Zugriff: 13.3.19). Inzwischen gibt es eine Reihe von Audio-Podcasts aus dem kirchlichen Umfeld, in denen religiöse und gesellschaftliche Themen behandelt werden: u.a. Sächsische Verhältnisse von Jan Witza: <https://sächsischeverhältnisse.de>, Actionbound, Kahoot, Mentimeter, Instagram-Storys. An der Evangelischen Akademie Sachsen-Anhalt e.V. wurde 2019 eine Stelle eingerichtet, in der Globales Lernen, Arbeit mit Konfirmandinnen und Konfirmanden und digitale Medien zusammengedacht und regelmäßig neue Methoden multipliziert werden: <https://j-a-w.de/konfis-global>. Vernetzt! Kirche.Digital.Denken. von Timo Versemann und Stefanie Hoffmann: <https://kirche-digital-denken.podigee.io> und einfachmalmachen.medie von Farina Hubl und Lucas Schell: <https://einfachmalmachen.podigee.io>.

Tobias Thiel ist Studienleiter für gesellschaftspolitische Jugendbildung, stellvertretender Direktor und Umweltbeauftragter an der Evangelischen Akademie Sachsen-Anhalt.

Vom Expertenkult zur Schwarmintelligenz

Digitale Transformation in der Bildung

Jürgen Pelzer

Die digitale Transformation macht auch vor der Bildung nicht halt. Doch wie wirkt sich Digitalisierung auf die Bildungsakteure und deren Rollenverständnis aus? Ist die Partizipation das neue Leitbild in Zeiten der Wikipedia, des Crowdsourcing und Co-Working?

Didaktisches Grundmodell seit 1647: Wissensvermittlung durch reinen Input
Quelle: wikimedia/public domain

Dieses Modell erklärt sehr gut, wie sich in der Bildungslandschaft ein regelrechter Expertenkult etablieren konnte, in dem einige Top-Referentinnen und Referenten bestimmte Themengebiete quasi in persona repräsentieren. Veranstaltungen werden an der Bekanntheit und dem Wissen der Referentin ausgerichtet und nicht nach der potenziellen Einbindung der Teilnehmenden. Die Qualität von Bildung wird an der Güte des Inputs gemessen, nicht aber mit dem Output in Verbindung gebracht. Auch die anschließende obligatorische Frage- bzw. Diskussionsrunde nach einem Vortrag in einem traditionellen Bildungssetting kann selten darüber hinwegtäuschen, dass es sich didaktisch um eine One-to-many-Kommunikation handelt, eine Einbahnstraße, in der der Wissensfluss von einer Person (Referent) zu vielen (Teilnehmenden) läuft.

Neue Formen der Vergesellschaftung, und das ist letztlich der Kern der digitalen Transformation, führen zu neuen Bildungsformaten. Auch das Rollenverständnis der Bildungsakteure bedarf einer Relektüre. Eine zunehmend digital sozialisierte Generation ist mittels Vorträgen, Seminaren und Inputs nur noch bedingt ansprechbar. Hochkonjunktur haben gerade bei der digitalen Generation Alternativen, die Partizipation ermöglichen und fordern. Und obwohl die digitale Transformation der Bildung mit allen Folgen wie der Wikipedia, den BarCamps, den Labs, Maker Spaces etc. neu anmutet, ist das didaktische Grundprinzip im digitalen Gewand alt: Die Rolle der Bildungsakteure in solch interaktiven Szenarien erinnert sehr an das sokratische Ideal der Mäeutik. Es geht in der Bildung – wie in der Hebammenkunst (Mäeutik) – im Wesentlichen darum, das Wissen, welches schon in den Teilnehmenden ist, zu heben, anstatt Ihnen nur im Sinne des Nürnberger Trichters neues Wissen einzuflößen. Die junge Generation spürt offenbar instinktiv, ob sie ein aktiver Teil eines Bildungsprozesses ist oder lediglich als Statist fungiert. *Enabler* (engl. Ermächtiger) ist der aktuelle Begriff in der Bildungsdebatte für dieses neue und zugleich alte Rollenverständnis der Bildungsakteure in Schule, Uni, Erwachsenenbildung, Gemeinde, Fortbildung. Da dieser Wandel aber nur langsam Einzug in klassische Bildungsorte hält, ist es nicht verwunderlich, dass sich Teile der digital geprägten Generation andere Räume der Wissensgenerierung suchen: Das reicht von Starbucks als Treffpunkt bis hin zu den BarCamps der re:publica in Berlin.

Eine digital geprägte Generation sucht den Austausch und die Partizipation. Bildung geschieht zunehmend auch in Zwischenräumen wie hier in einem Starbucks.

Partizipation vs. Steuerung

Mit großem Erfolg haben etwas Events wie etwa die re:publica in Berlin das Format der BarCamps, FabLabs und andere Methoden etabliert und ziehen dadurch scharenweise krea-

tive junge Köpfe an. Im Zentrum stehen hierbei immer die Teilnehmenden und deren Wissen: Sprachlich zeigt sich das im englischen *crowd* („Menschenmenge"), das einem in nahezu allen Schlagworten der digitalen Szene begegnet: Crowd-Working für neue Formen der Zusammenarbeit, Crowd-Sourcing für neue Formen der Produktentwicklung, Crowd-Funding für neue Formen der Finanzierung: Die Liste ließe sich beliebig fortsetzen.

Was diese partizipativen Formate, die vom Social Web inspiriert sind, so schwer umsetzbar macht, ist die prinzipielle Schwierigkeit der Steuerung. Dies hängt mit der Natur menschlicher Interaktion zusammen. Bei zwei Menschen gibt es einen Kommunikationskanal. Kommen mehr Akteure ins Spiel, steigt die Komplexität, verstanden als Anzahl möglicher Kommunikationskanäle (Beziehungen), sprunghaft an: Bei drei Akteuren sind es noch drei Kanäle bei vier Akteuren sind es schon sechs Kanäle, bei zwölf bereits 66. Die Formel lautet n mal (n-1) geteilt durch 2, wobei n die Anzahl der Teilnehmenden ist. Man kann sich leicht vorstellen und auch ausrechnen, wie komplex bereits eine Gruppe von 20 Personen ist (190 Kanäle), wenn sie sich im kommunikationstechnischen Grundzustand befindet, d.h. ohne Reglement und Moderation. Die Beteiligung sinkt rapide und es bedarf einer aktivierenden didaktischen Moderation. Daher bedürfen partizipative Formate sehr genauer, schneller und dennoch flexibler Reglements sowie einer äußerst stringenten und zielführenden Moderation.

Ein gutes Beispiel ist die Internetseite Wikipedia. Kommunikationspädagogisch gesehen ist Wikipedia ein sehr komplexer zeitversetzter schriftlicher Dialog von unzähligen Menschen weltweit mittels einer Web 2.0-Technologie namens Wiki.

Prinzipiell handelt es sich bei einem Wiki um eine einfach beschreibbare Internetseite. Da nicht alle Eingaben gleichwertig sein können, bedarf es einer Moderation. Diese Moderatoren werden durch die Wikimedia Foundation unterstützt. Der Unterschied zu dem klassischen Lexikon fällt sofort ins Auge: Es ist nicht mehr eine Expertenjury, die entscheidet, was zu einem Thema gerade Stand der Dinge ist, sondern es wird in einem kontinuierlichen Dialog gemeinsam ausgelotet. Der Siegeszug des Vortragsformates in der Bildungslandschaft liegt also weniger an seinem didaktischen oder pädagogischen Mehrwert oder Erfolg, sondern schlicht daran, dass er die effektivste Kontrolle der Komplexität menschlicher Kommunikation ist. Leider wird dadurch nahezu vollkommen der immense Vorteil der Komplexität menschlicher Kommunikation nivelliert: Die Kreativität. Der große Mehrwert vom Einsatz digitaler Methoden in Bildungszusammenhängen liegt genau darin, diese Kreativität zu fördern und zu fordern – nicht nur für eine digitale Generation.

Dr. Jürgen Pelzer ist Referent im Diakonie.Kolleg. des Diakonischen Werkes Bayern mit dem Schwerpunkt digitale Bildung.

#digitaleKirche: Glaube teilen – Kirche sein

Tobias Faix

Die Digitalisierung gehört zu den großen Transformationsprozessen unserer Zeit und verändert die Wirklichkeit unseres Lebens auf allen Ebenen. Dies betrifft auch die Kirche und die eigene Glaubensgestaltung. So ist es nicht verwunderlich, dass auf der 12. EKD Synode 2018 in Würzburg ein Jahresbudget von 2,2 Millionen Euro für die „Kirche im digitalen Wandel" beschlossen wurde. Was auf den ersten Blick viel klingt, stellt gerade einmal gut ein Prozent des EKD-Haushalts dar. In diesem Kurzbeitrag sollen, nach einer kurzen inhaltlichen Einleitung in die Relevanz der Thematik, zwei Beispiele aus dem digitalen Raum der Kirche exemplarisch vorgestellt werden. Dabei möchte ich gleich eine erste Unterscheidung treffen: Digitale Kirche ist etwas anderes als digitale Angebote.

Von digitalen Angeboten zur #DigitalenKirche

Keine Frage, gerade für den Raum der Kirche war das Jahr 2018 ein Jahr des Aufbruchs, in dem es eine fast unüberschaubare Menge an neuen Formaten und Internetangeboten gab, die weit über die klassischen Serviceseiten wie evangelisch.de oder unser-gemeindebrief.de, digitalen Gesangbüchern und Lieder-Apps sowie Predigtdatenbanken und Kirchenverzeichnissen hinausgehen. All das ist erfreulich und begrüßenswert, doch der große Sprung besteht darin, von den digitalen Angeboten zur #DigitalenKirche zu kommen. #DigitaleKirche heißt in Form und Inhalt Kirche in den sozialen Medien zu sein. Ganz nach dem Medientheoretiker Marshall McLuham („The medium is the message.") setzt sich Kirche digital auf unterschiedlichste Weise im Netz fort. Dabei geht es weder um eine Sonderform von Kirche noch um eine eigene Konkurrenz, sondern um eine Kirche, die sich auf unterschiedliche Art und Weise, sozusagen in hybrider Form, zeigt. Deshalb bedeutet #DigitaleKirche gleichzeitig ganz Kirche zu sein, ohne dabei die Kirche ganz abzubilden. Sie fördert das Priestertum aller Gläubigen, denn sie ist fest verankert im Tagesablauf und garantiert so Kommunikation und Teilhabe in einer bis dahin nie dagewesenen Form. Dies erscheint gerade deshalb so wichtig, weil die klassische Mitgliedschaft ihre identitätsstiftende Kraft zunehmend verliert. Die Grenzen zwischen analogen und digitalen Kirchenangeboten, ja selbst zwischen digitalen Angeboten und #DigitalerKirche verschwimmen dabei und das ist Absicht und gewollt.

Folge meinen Spuren: Die Nordkirche bei Twitter

Natürlich kann man auch seiner Kirche in den sozialen Netzwerken folgen, wie beispielsweise der Nordkirche auf Twitter (@nordkirche_de), Facebook, Instagram oder YouTube. Als wäre das nicht genug, kann man sich auch Segensworte direkt aufs Handy senden lassen. Jeden Morgen um 7 Uhr kommen Menschen bei Twitter (#twaudes) zusammen und feiern eine gemeinsame Andacht, unabhängig von ihrer Konfession in der Herkunft, jeden Abend gibt es ein Abendgebet (#twomplet) und der Tag wird zurück in Gottes Hände gelegt.

Aber auch tagsüber kann unter @dnkgtt (dankt Gott) Alltägliches geteilt werden. Dadurch können die unterschiedlichsten Menschen Anteil an meinem Leben nehmen, mit mir dankbar sein, mich ermutigen oder auch in die Fürbitte gehen – ein unsichtbares Netzwerk an Gebeten bildet sich.

Gemeindepädagogische Inhalte und Anknüpfungen

In einer Medienanalyse von Prof. Dr. Lars Harden und Dr. Robert Weber hat die Landeskirche Hannover (Medienanalyse #digitalekirche: Entwicklung des Diskurses zum Hashtag #digitalekirche, Juni 2018) die Inhalte der #digitalekirche in einer dreimonatigen Studie am Beispiel von Twitter untersucht. Die vier zentralen Inhalte waren dabei:

a) **Gemeinschaft** (35 % Aufbau der christlichen Gemeinschaft, gemeinschaftlich gelebter Glaube),
b) **Verkündigung** (33 % öffentliches Bekenntnis, Verbreitung des Evangeliums, Mission),
c) **Diakonie** (1 % tätiger Dienst am hilfsbedürftigen Menschen),
d) **Liturgie** (31 % rituelle religiöse Handlungen, rituell gefeierter Glaube).

Hier wurden interessanterweise vor allem gemeindepädagogische Inhalte diskutiert, und es wird deutlich, wie nah digitale und analoge Inhalte sind. Wenn ich mich für den Glauben interessiere, dann mache ich einen Glaubenskurs wie Spur 8 (**http://www.online-glauben.de/de/online_kurs**), will ich mein Kind taufen lassen, begleitet mich dabei die EKD-App Taufbegleiter (**https://www.evangelisch.de/taufbegleiter**) – vom Taufspruch über die Paten bis zum richtigen Geschenk. Insgesamt ist vieles in Bewegung und wer sich dafür interessiert, der schaue doch mal bei #bckirche (**www.barcamp-kirche-online.de**) vorbei. Da läuft vieles, was Kirche bewegt, in digitaler und analoger Form zusammen. Wer dann Lust auf Kirche bekommen hat und mal wieder einen analogen Gottesdienst besuchen will, der kann hier nachschauen (**https://kirchen-im-web.de/de**) und findet bestimmt auch ein Angebot in seiner Nähe.

Mehr Infos:

https://digitale-kirche.info   https://www.nordkirche.de

Dr. Tobias Faix ist Professor für Praktische Theologie und leitet den Master „Transformationsstudien für Öffentliche Theologie & Soziale Arbeit". Er sitzt für die EKD in der Kammer für soziale Ordnung und beschäftigt sich da mit dem Thema digitaler Wandel.

Multimediale Kirche

Ein Projekt von:

Hilfswerk-Siedlung GmbH
Evangelisches
Wohn Arlett Rumpff
in Berlin

EVANGELISCHE KIRCHE
Berlin-Brandenburg-schlesische Oberlausitz

FRIEDRICH-ALEXANDER-UNIVERSITÄT ERLANGEN-NÜRNBERG
PHILOSOPHISCHE FAKULTÄT
UND FACHBEREICH THEOLOGIE

TECHNIK
HOCHSCHULE MAINZ
UNIVERSITY OF
APPLIED SCIENCES

Kirchenräume sind immer dazu da gewesen, auf vielfältige Weise Kommunikation und Beteiligung zu ermöglichen – der Menschen untereinander und zwischen Gott und Mensch. Sie sind Orte der Kommunikation: Orte des Gottesdienstes, soziale, gesellschaftliche und politische Treffpunkte, Kristallisationspunkte weltlichen und religiösen Lebens. Als gebaute Dokumente ihrer Zeit und ihrer Nutzung mit kulturellem und religiösem Gedächtnis sind sie quasi selbst Kommunikation. Und ihre große Anzahl ist für uns ein wahrer Reichtum. Aber angesichts veränderter Nutzungsanforderungen, hoher Instandhaltungskosten und einer immer älter und kleiner werdenden Gemeinschaft auch eine der größten Herausforderungen für unsere Kirchengemeinden. Neue digitale Entwicklungen können – sinnvoll und gut überlegt eingesetzt – helfen. Ganz praktisch kann Kirchenraum öffentlich zugänglich gemacht werden, ohne dass jemand Einlass gewähren muss. Ein virtueller oder multimedial begleiteter Rundgang durch die Kirche oder über den Friedhof ermöglicht Einblicke in gegenwärtiges und vergangenes Gemeindeleben. Der Sonntagsgottesdienst ist medial unterstützt interessanter oder gestreamt für viele Interessierte, die sich nicht mehr auf den Weg machen (können) im Netz verfügbar.

Die Evangelische Kirche Berlin-Brandenburg-schlesische Oberlausitz (EKBO) hat in Zusammenarbeit mit der Hilfswerk-Siedlung (HWS) ein Handbuch[1] entwickelt, das Kirchengemeinden und kirchlichen Einrichtungen Anregungen bietet, wie Kirchenraum an die aktuellen und zukünftigen Herausforderungen des gesellschaftlichen Lebens angepasst werden kann. Engagierten Akteuren wird ein technischer und inhaltlicher Überblick über die digitalen Entwicklungen und Möglichkeiten geboten. Anwendungen werden vorgestellt, theologisch reflektiert, architektonisch und ethisch hinterfragt – wissenschaftlich begleitet von der Philosophischen Fakultät der Friedrich-Alexander-Universität Erlangen-Nürnberg und dem Fachbereich Technik der Hochschule Mainz. Doch eine schnelle und einfache Lösung für die diversen Probleme von Kirchraumnutzung wird hier nicht geboten. Das zu erwarten wäre auch vermessen. Deshalb ist darauf hinzuweisen, dass es bei der Umsetzung aller neuen Ideen und Projekte – nicht nur digitaler – einer umfassenden Projektplanung bedarf.

Bereits vor der Entwicklung der ersten Ideen digitaler Umgestaltungs muss in einer genauen Analyse geklärt werden, ob und in welcher Form multimediale Anwendungen und Ausstattungen überhaupt sinnvoll sind. Schon im Vorfeld sind kirchliche Gremien zu beteiligen und Expertenwissen zur fachlichen Beratung, aber auch zur Projektbegleitung einzuholen, in der Regel einzukaufen. Die Zeitplanung, der personelle und finanzielle Einsatz müssen vorab geklärt sein. Und ohne eine langfristige technische Betreuung ist die Freude nur von kurzer Dauer. Eine ausschließliche Fokussierung auf die Einführung digitaler Möglichkeiten und Methoden, die heilsverkündend, zukunftsweisend und innovativ Kirche und Gemeinde neu beleben sollen, ist reine Ressourcenverschwendung und aus meiner Sicht respekt- und verantwortungslos. Vielmehr braucht es in der digitalen Umgestaltung bereits im Vorfeld und langfristig gedacht eine fachliche Projektbegleitung und Unterstützung – nicht flächendeckend, aber für die Interessierten und Engagierten in den Gemeinden. Und schön wäre nicht nur digital.

Anmerkung

1 https://hws-berlin.de/handbuch-multimediale-dorfkirche-veroeffent licht

Mehr Infos:

https://reformprozess.ekbo.de

Arlett Rumpff ist Geschäftsführerin des Reformprozesses in der Evangelischen Kirche Berlin-Brandenburg-schlesische Oberlausitz (EKBO).

Medienschutz und Medienpädagogik in einer mediatisierten Lebenswelt

Für ein abgestimmtes Zusammenwirken

Dieter Spanhel

Medienkompetenz garantiert für sich noch keinen guten Medienschutz. Kinder und Jugendliche brauchen Werteorientierung, Kritik- und Reflexionsfähigkeit. Kinder und Jugendliche nehmen durch ihr Medienhandeln aktiv an den sozialen Prozessen und an der Kultur unserer mediatisierten Gesellschaft teil. Das eröffnet ihnen große Entwicklungsanreize und vielfältige Lern- und Bildungschancen. Nach der Euphorie über die positiven Seiten der Medienentwicklungen treten aber in jüngster Zeit immer deutlicher auch die negativen Folgen ins Bewusstsein. Die kaum noch überschaubaren Anreize der digitalen Medien und ihre faszinierenden Handlungs- und Kommunikationsmöglichkeiten können zu schwerwiegenden Gefährdungen und tiefgreifenden Entwicklungsstörungen gerade bei Kindern führen. Die Folge davon sind oft Schwierigkeiten bei der Integration in tragfähige soziale Beziehungen und beim Aufbau einer stabilen Identität mit einer an den Grundwerten unserer Gesellschaft orientierten Präferenzordnung.

„Medienschutz hat nichts mit Bewahrpädagogik zu tun."

Zwar gibt es umfangreiche Programme zur Medienkompetenzförderung, aber kaum wirksame Konzepte für den Schutz vor neuartigen Entwicklungsgefährdungen, Datenmissbrauch und Verletzung der Persönlichkeitsrechte durch Medien. Medienschutz hat nichts mit Bewahrpädagogik zu tun. Der Slogan *Medienkompetenz ist der beste Medienschutz* greift zu kurz, weil die Förderprogramme in den Bildungseinrichtungen nicht verpflichtend verankert sind, bei vielen Pädagogen die medienpädagogische Kompetenz fehlt und häufig auch die Medienausstattung zu wünschen übrig lässt. Deshalb halte ich ein abgestimmtes Zusammenwirken von Medienschutz und Medienerziehung für dringend notwendig.

Wie lässt sich ein solches Zusammenwirken begründen?

„Erst in den alltagsweltlichen Kontexten entscheidet sich, wie die Medien wirken."

Angesichts der Ambivalenz der Medienangebote ist es von gesellschaftlichem Interesse, von vornherein den Kontakt der Heranwachsenden mit klar entwicklungsgefährdenden Angeboten zu unterbinden. Dafür werden vom *Gesetzgeber* die *Medienanbieter* in die Pflicht genommen. Insoweit ist der gesetzliche Kinder- und Jugendmedienschutz eine genuin *pädagogische Institution*, aber dieser Schutz durch Ausgrenzung problematischer Angebote reicht nicht aus. Er muss zwingend durch pädagogische Maßnahmen ergänzt werden, weil die Voraussetzungen für verantwortliches Medienhandeln erst im Verlaufe der Entwicklung aufgebaut und gefestigt werden und weil sich erst in den alltagsweltlichen Kontexten entscheidet, wie die Medien wirken. Deshalb ist es erforderlich, die vielfältigen Medienangebote und Handlungsmöglichkeiten der Heranwachsenden in ihrer Alltagswelt nach *entwicklungsförderlichen Kriterien* durch geschützte Räume noch weiter zu *begrenzen*, um Entwicklungsgefährdungen auszuschalten und gleichzeitig die Medienkompetenz der Kinder und Jugendlichen und die Entwicklung ihrer Persönlichkeit zu fördern.

Zur Begründung müssen wir das Medienhandeln der Heranwachsenden genauer in den Blick nehmen. Medien erhalten ihre Bedeutung aus dem Kontext, in den sie eingebettet sind. Medienhandeln erfolgt stets sinnorientiert und die Heranwachsenden entscheiden in der konkreten Situation selbst, welchen Sinn sie durch ihr Medienhandeln verwirklichen wollen. Diese Entscheidung ist das Ergebnis innerpersonaler Regulationsprozesse, durch die sie versuchen, einen Ausgleich zwischen ihren eigenen Bedürfnissen, Wünschen, Interessen, Zielen sowie Erwartungen, Normen und Regeln der für ihren Entwicklungsprozess bedeutsamen sozialen Systeme (Familie, Kita, Schule, Peergroup) herzustellen. Und dann müssen die Heranwachsenden die medialen Handlungsmöglichkeiten auswählen, durch die sie ihre Absichten erreichen wollen. Um diese beiden Entscheidungen für ihr Medienhandeln rational kontrolliert, zum Wohle ihrer eigenen Entwicklung und sozial verantwortlich zu treffen, müssen sie im Verlaufe ihres Bildungsprozesses grundlegende Handlungsfähigkeiten erwerben und immer weiterentwickeln: Dazu gehören u.a. der Aufbau eines Wertorientierungssystems, die Fähigkeit zur Handlungskontrolle und Abschätzung der Handlungsfolgen sowie Kritik- und Reflexionsfähigkeit als Basis für Verantwortungsfähigkeit. Diese *Handlungsfähigkeiten als Voraussetzung für Medienkompetenz* können nur in geschützten Räumen erworben werden.

Aufgrund dieser Entwicklungstatsache müssen Medienschutz und Medienpädagogik zusammenwirken. Dies wird möglich, wenn in einem ausgewogenen Zusammenspiel von Medienschutz durch Grenzsetzungen, Autonomiegewährung im Medienhandeln und medienpädagogischer Begleitung den Kindern und Jugendlichen Handlungsfreiräume eröffnet werden, in denen sie diese Handlungsfähigkeiten aufbauen und lernen können, ihr Medienhandeln selbst ständig an entwicklungsförderlichen und sozial verträglichen Sinnkriterien auszurichten.

Zusammenwirken von Medienschutz und Medienpädagogik am Beispiel der Kita

Schutz durch Begrenzung erfolgt in der Kita dadurch, dass sich der Medieneinsatz an den Zielen der frühkindlichen Bildungsprogramme ausrichtet. Dadurch werden die Sinnorientierungsmöglichkeiten der Medien eingegrenzt. Weitere Begrenzungen sind notwendig, um den Medieneinsatz an die konkrete Lebenssituation, die Interessen, Fähigkeiten und Bedürfnisse der Kinder anzupassen. Dazu sollten sich die pädagogischen Fachkräfte zunächst einen Überblick über das reichhaltige Angebot an Kindermedien und einen vertieften Einblick in die beliebtesten Medienangebote verschaffen und dann mit den Kindern (in Kooperation mit den Eltern) herausfinden, welche Medieninhalte und Handlungsformen sie bevorzugen und welche Medienkompetenzen sie bereits erworben haben.

„Medien erhalten ihre Bedeutung aus dem Kontext, in den sie eingebettet sind."

„Begrenzungen sind notwendig, um den Medieneinsatz an die konkrete Lebenssituation und Bedürfnisse der Kinder anzupassen."

Autonomiegewährung

Die Kontexte für die Arbeit mit Medien in der Kita müssten auf der Basis kleiner Fragen, Aufgaben oder Projekte so gestaltet werden, dass sie den Kindern *Spielräume der Freiheit* eröffnen, in denen sie selbstmotiviert, lustvoll und selbstgesteuert lernen können. Die digitalen Medien sind dafür wunderbar geeignet: Zum einen bieten sie *vielfältige Handlungsmöglichkeiten*, die in einzigartiger Weise den spielerischen Formen der kindlichen Weltaneignung, ihrer Entdeckerlust, Spontaneität und Phantasie sowie ihrem Aktivitätsdrang entgegenkommen. Auf dieser Basis lassen sich abwechslungsreiche Erfahrungs-, Erkundungs-, Spiel- und Übungsräume für eigentätiges Medienhandeln gestalten. Zum anderen rufen die Bilder- und Hörmedien starke *Wahrnehmungseindrücke* hervor, die sich direkt auf die Gefühle und Bedürfnisse der Kinder auswirken und nach *Ausdruck* verlangen: Sie bringen die Kinder zum Sprechen, zum Erzählen, Malen, Tanzen oder gar dazu, ihre verborgenen Wünsche und Ängste mitzuteilen. Das sind beste Gelegenheiten zur Einübung der Handlungsfähigkeiten und wunderbare Anknüpfungspunkte für die Aufgaben der sozial-emotionalen Erziehung.

> *„Die Kontexte müssten den Kindern Spielräume der Freiheit eröffnen."*

Maßnahmen medienpädagogischer Begleitung

> *„Die zentrale Aufgabe liegt in der sprachlichen Verarbeitung der Medieneindrücke."*

Je größer die Vielfalt der medialen Handlungskontexte in der täglichen Arbeit in der Kita, desto leichter kann den Kindern bewusst gemacht werden, welche Medieninhalte oder Handlungsformen sich am besten für die Erkundung der Welt, für den sozialen Austausch oder zu Unterhaltung, Spiel oder Action eignen. Die zentrale Aufgabe der Medienkompetenzförderung liegt jedoch in der sprachlichen Verarbeitung der Medieneindrücke und der Handlungserfahrungen aus den medialen Freiräumen. Das ist die Basis für eine Reflexion und rationale Kontrolle des Medienhandelns und seine Folgen für sich und andere. Außerdem ist es wichtig, Kindern die Wertvorstellungen bewusst zu machen, die hinter ihrem Medienhandeln stehen. Diese mit ihnen zu diskutieren, kann beim Aufbau einer Wertrangordnung helfen. Dafür muss ihnen in den Freiräumen auch Verantwortung für ihr Handeln übertragen und schrittweise erweitert werden.

Literatur:

Spanhel, Dieter (2016): Kinder- und Jugendmedienschutz und Medienpädagogik. Notwendiges Zusammenwirken für ein gedeihliches Aufwachsen in einer mediatisierten Lebenswelt.

http://www.gmk-net.de/fileadmin/pdf/jugendmedienschutz_spanhel.pdf

Keine Bildung ohne Medien (2011): www.keine-bildung-ohne-medien.de

Dr. Dieter Spanhel, Prof. em., war von 1982 bis 2005 Inhaber des Lehrstuhls für Pädagogik an der Universität Erlangen-Nürnberg. Sein Forschungsschwerpunkt ist die Medienpädagogik.

From #hateSpeech to #hopeSpeech

Mit freien Bildungsmaterialien für Hoffnung im Netz

Timo Versemann

Die Endzeit naht

Mit dem Projekt NetzTeufel[1] begegnen wir #hate-Speech aus christlicher Perspektive. Ausgangspunkt für unsere Arbeit ist eine Social-Media-Analyse, in der wir uns Kommentare auf christlichen Facebookseiten näher angeschaut haben. Dabei stand die Frage im Fokus: Welche christlichen Erzählungen finden sich in menschenfeindlichen Kommentaren wieder? Als verbindendes Element hat sich dabei die Konstruktion von Angstbildern herausgestellt, von Bürgerkriegs- bis hin zu Endzeitszenarien. Der rote Faden in den diskriminierenden Kommentaren war dabei weniger offen formulierter Hass, sondern das Schüren von Ängsten vor Muslimen, Homosexuellen oder dem „Genderwahnsinn" und die dabei entstehende Konstruktion von Feindbildern.

#hopeSpeech

Wenn das Problem nicht ausschließlich in der Emotion des Hasses liegt, muss die Antwort darauf komplexer sein als Liebe oder auch nur „Habt euch lieb!" zu entgegnen. Mit dem Kunstwort #hopeSpeech bezeichnen wir die Suche nach christlichen Alternativen, die der Diskriminierung von Menschen und Gruppen im Netz standhalten. Es geht dabei nicht nur darum, Hoffnung auf die Gestaltbarkeit gesellschaftlicher Prozesse zu stärken, sondern vor allem auf die Gestaltbarkeit von Onlinekommunikation. Immer mehr Menschen resignieren angesichts des rauen Tons in Social Media und dem Ohnmachtsgefühl, den Regeln der Plattformen ausgeliefert und gleichzeitig auf diese angewiesen zu sein.

Dem Digitalen im Analogen begegnen

Mit dem Ziel, über Grenzen digitaler Plattformen hinaus denken zu können und aufgrund häufig schlechter technischer Ausstattung von religionspädagogischen Räumen, haben wir einen #hopeSpeech-Workshop als Offlineformat entwickelt. Die fiktive Plattform *Diss Kurs* kann auf zwei A3 Seiten ausgedruckt und an einem Flipchart angebracht werden. Nach einer kurzen Einführung zu #hateSpeech und einem Erfahrungsaustausch in Kleingruppen wird gemeinsam die Vielfalt möglicher Reaktionsformen auf diskriminierende Kommentare erarbeitet. Zwischen den Polen *Diskutieren* und *Löschen* gibt es eine Vielzahl an Möglichkeiten, die je nach Kontext angemessen sein können. Die Nuancen reichen von *Moderieren*, *Ironisieren* über *Solidarisieren* bis zur *Paradoxen Intervention*.

Der pädagogische Mehrwert des Offlineformats wird in der Phase des gemeinsamen „Zerbastelns" deutlich. In einem Sortierkasten finden sich die Interventionsformen als Bastelmaterial wieder: Mit leeren Kommentarfeldern, Sprechblasen, ausgedruckten Memes, Emoji-Stickern, Glitzerpulver, schwarzen Markern und weißem Korrekturroller können die Teilnehmenden den *Diss Kurs* nach Lust und Laune dekonstruieren. Das Format lässt eine besondere Dynamik entstehen, weil beim Basteln Grenzen überschritten werden können, die eine Online-Plattforme vorgibt. Diese Energie kann in einer Debatte über die Möglichkeiten und Grenzen des Umgangs und auch für eine theologische Reflexion der Inhalte genutzt werden.

Netz Teufel

Unter freien Lizenzen

Der Kurs wird von uns unter freien Lizenzen (CC-0) veröffentlicht. Das betrifft nicht nur die Druckvorlagen für den *Diss Kurs*. Wir veröffentlichen auch die Rohdaten zum Verändern der Vorlagen und haben zusätzlich einen Online-Begleitkurs mit Hinweisen zur Anleitung des Workshops konzipiert. Die Entscheidung für eine komplett freie Lizenz ohne Namensnennung ist dabei nicht nur aus den eigenen leidvollen Erfahrungen, Material unterschiedlicher Lizenzen zusammenzubringen, entstanden. Es geht insbesondere auch darum, die digitale Lebenswelt des Teilens von Informationen und Inhalten zu fördern.

Mehr Infos:

https://www.netzteufel.eaberlin.de

Exklusiv
für Abonnenten:
Druckvorlagen
für den „Diss Kurs":

http://www.praxis-gemeindepaedagogik.de

Timo Versemann ist Leiter des Projekts „Der Teufel auch im Netz" der Evangelischen Akademie zu Berlin, das im Rahmen des Programms der Bundesregierung „Demokratie leben!" durchgeführt wird.

Anmerkung:
1   https://www.netzteufel.eaberlin.de/

Die biblischen Lesungen sind unverzichtbarer Bestandteil eines jeden Gottesdienstes. Gottes Wort regelmäßig zu hören, ist für jeden Christen wichtig. Denn der Mensch lebt nicht vom Brot allein. Dennoch ist das, was da gelesen und gehört wird, manchmal nicht leicht zugänglich. Es sind Worte aus uralter Zeit, die da in den alttestamentlichen Lesungen sowie den Epistel- und Evangeliums-lesungen erklingen. Was haben uns diese Geschichten und Weissagungen, Gleichnisse und Ermahnungen im 21. Jahrhundert zu sagen? Das Buch bietet eine kurze Einführung zum sonntäglichen Proprium, also dem Thema des Sonntags mit seinen Lesungen und Wochenliedern. Darauf folgen die eigentlichen Hinführungen, die in einfacher Sprache eine Brücke vom Text in die Gegenwart schlagen.

»Die Zehn Gebote« kennt fast jeder. Aber wie war das noch mal genau mit dem Propheten Mose, der diese »Gebrauchsanleitung fürs Leben« angeblich von Gott bekam? Ist sie wirklich in Stein gemeißelt? Geht es dabei vor allem um himmlische Vorschriften oder eher um faszinierende AnGebote für ein unbe-schwertes Dasein? Gelten die Zehn Gebote wirklich überall – selbst in der virtuellen Realität? Und: Was genau haben sie mit mir zu tun?

Fabian Vogt gibt Antworten: Unterhaltsam, fundiert und verständlich erkundet er die Grundlagen einer Ethik, die Menschen frei machen möchte.

Jochen Arnold | Fritz Baltruweit | Marianne Gorka (Hrsg.)
Hinführungen zu den Lesungen im Gottesdienst
gemeinsam gottesdienst gestalten (ggg) | 31

248 Seiten | 12,5 x 20,5 cm
Hardcover / Klebebindung
ISBN 978-3-374-05752-8   18,00 EUR [D]

Fabian Vogt
Die Zehn Gebote für Neugierige
Das kleine Handbuch kluger Entscheidungen

136 Seiten | 13,5 x 19 cm
Paperback
ISBN 978-3-374-05792-4   10,00 EUR [D]

EVANGELISCHE VERLAGSANSTALT
Leipzig   www.eva-leipzig.de   facebook.com/eva.leipzig

Bestelltelefon 03 41 / 7 11 41 16 | Fax 03 41 / 7 11 41 50 | shop@eva-leipzig.de

Digitale Gemeinde

Der Beitrag von rpi-virtuell

Joachim Happel

wenn du uns brauchst

blogs | gruppen | material | news

Digitale Räume sind weder zeitlich noch räumlich begrenzt. Wo sie von Gemeindemitgliedern entdeckt werden, entsteht ein neuer weiter Raum. Glaubens- und Gemeindebezogene Kommunikation findet sich nicht mehr nur an festen Orten. Kirchenvorstände, Konfis, Hauskreise, Kigohelfer und viele andere aktive Gemeindeglieder vernetzen sich in digitalen Gruppen. Auch bei zentralen Glaubensfragen und ethischen Konflikten sind die Mitwirkenden der Ortsgemeinde nicht mehr die einzigen Ansprechpartner. Andere sind oft leichter und anonym erreichbar: über einen Mausklick oder einen Touch auf das Smartphone. Alle ethischen, politischen, religiösen, spirituellen Themen werden auch in den sozialen Netzen diskutiert. Zu fast jeder Frage gibt es Antworten, Ratschläge, Erklärungen. Nicht alles stimmt. Manches führt in die Irre.

rpi-virtuell als vertrauenswürdiger Netzknoten

Gut, wenn es vertrauenswürdige Netzknoten gibt, die wie Leuchtfeuer im Dunkel vieler Angebote Orientierung geben können. Erwachsenenbildung und Gemeindepädagogik stehen vor der Herausforderung, nicht nur eigene digitale Inhalte zu positionieren, sondern auch Menschen in der digitalen Lebenswelt zu begleiten, zu beraten und gemeinsam mit ihnen neue digitale Freiräume zu erschließen.

In diesem Kontext von Digitalität und Verlässlichkeit ist das Angebot von rpi-virtuell verortet. rpi-virtuell stellt für pädagogische Mitarbeiter in Schule und Gemeinde unterstützende Dienste bereit, die sich für die eigene Arbeit anpassen und integrieren lassen.

Vier Kerndienste von rpi-virtuell

Das wohl mächtigste Werkzeug ist unser *Blogserver*. Ausgestattet mit vielen Erweiterungen und Layouts können Nutzer ein professionelles Informationsangebot für ihre Zielgruppe kreieren. Auch Events für viele Besucher lassen sich hier mit ein paar Klicks organisieren. Werkzeuge um interaktive Lernmedien zu generieren sind darin enthalten.

Für Menschen, die lieber im geschützten Raum kommunizieren, steht das *Gruppen-Tool* bereit. Hier finden Arbeits- und Gemeindegruppen ihr Zuhause. Aktivitäten und Dokumente, die in der Gruppe entstehen, werden bei den gemeinsamen Aktivitäten notiert und halten die Mitglieder auf dem Laufenden. Gruppen eignen sich besonders auch für soziale Lernszenarien. Für Nutzer von mobilen Endgeräten wird derzeit eine App entwickelt, die die Messenger ersetzen kann.

Öffentlich zugänglich ist unser *Materialpool*, der das Beste aus Rundfunkanstalten, religionspädagogischen Instituten, Universitäten und vieler engagierter Pädagogen in Form einer Referenzbibliothek bereitstellt, verschlagwortet und durchsuchbar macht. Nahezu alle Inhalte sind frei zugänglich und kostenfrei nutzbar.

In unserem *News-Dienst* vernetzen wir Akteure, Ereignisse und Inhalte kirchlicher Bildungsarbeit. Wir berichten über neue Initiativen und digitale Optionen für Schule und Gemeinde. Freie Lizenzen ermöglichen die Weiterverarbeitung der offenen Bildungsressourcen, zum Beispiel für den Gemeindebrief oder Thesenpapiere für die Gemeindepädagogik. Besucher können sich nicht nur für einen kostenlosen Newsletter eintragen, sondern eigene Artikel einreichen und andere kommentieren.

Gemeinde jenseits des Kirchturms

Der Ort, um den sich Gemeinde bildet, muss nicht zwangsläufig der Kirchturm sein, die Lebenswelt nicht die Parochie. Digitale Kommunikationsräume ermöglichen Menschen mit körperlichen Handicaps, knappen Zeitressourcen oder begrenzter Mobilität an spirituellen und gemeindlichen Aktivitäten teilzuhaben und sich in gemeindeübergreifenden Gruppen und Bildungsangeboten zu organisieren.

Joachim Happel arbeitet im Comenius-Institut und ist für die Leitung von rpi-virtuell zuständig.

Smartphone statt Arbeitsblatt

Die App „Actionbound" als gelungene Möglichkeit, mit digitalen Medien die analoge Welt zu erkunden

Marcus Kleinert

Wird denn durch den Einsatz von Smartphones die Arbeit mit Jugendlichen automatisch besser? Nein, natürlich nicht zwangsläufig. Denn jede Beschäftigung mit einem Thema ist so gut wie der Inhalt, den ich hineingebe. Das Medium kann die Arbeit unterstützen (oder eben behindern). Langweilige Fragen werden nicht peppiger, wenn sie auf dem Bildschirm eines Beamers mit lustigen Bildern und kunstvoll animiert erscheinen. Also können wir uns doch auf's gute und bewährte Papier beschränken. Nein!!! Damit würden wir supergute Möglichkeiten einfach liegen lassen. Wer die digitalen Medien nicht nutzt, handelt wie jemand, der im Jahr 1970 in Deutschland einen berittenen Boten losschickt, anstatt bei seinem besten Freund einfach anzurufen.

95 % der 12–13-Jährigen besitzen ein Smartphone[1]. Bei den 14–17-Jährigen sind es 97 %. Ebenso viele nutzen ihr Gerät täglich oder mehrmals pro Woche. Die Hardware und das Know-how damit umzugehen ist in dieser Zielgruppe also vorhanden. Fast alle Jungen und Mädchen haben einen hochleistungsfähigen Computer in der Hosentasche. Das sollten wir nutzen. Besonders gelungen finde ich Methoden, in denen das Handy gerade nicht von der *Kohlenstoff-Welt* ablenkt, sondern im Gegenteil in sie hineinführt. Ein Programm, das genau dies leistet und das individuell mit Inhalten gefüllt werden kann, ist die App *Actionbound*[2]. Sie ist – vereinfacht gesagt – eine Schnitzeljagd mit dem Smartphone. Am Beispiel einer Kirchenerkundung möchte ich im Folgenden die Vorzüge und Chancen davon aufzeigen.

Die Kirche erkunden mit dem Smartphone

Eine gute Gelegenheit, die analoge Welt mit digitalen Mitteln zu erforschen, ist die Erkundung einer Kirche mit *Actionbound*. Die technischen Voraussetzungen: 2–3 Konfis oder Jugendliche haben ein Smartphone. Sie laden sich einen QR-Code-Scanner und die App *Actionbound* herunter, dazu den entsprechenden Bound. Das Spielen des Bounds in der Kirche geht offline, so dass keine mobile Datennutzung nötig ist. In der Kirche sind an den Stationen QR-Codes angebracht.

Wenn die Spieler und Spielerinnen einen QR-Code gefunden haben, scannen sie diesen ab und gelangen zu einer Aufgabe. Zum Beispiel am Altar, wo die Frage lautet: „Wie heißt dieser Tisch?" Zwischen vier Antwortmöglichkeiten (Apsis, Akte, Altar und Ampel) entscheiden sich

die Jugendlichen. Dann hören sie im besten Fall den Ton für die richtige Antwort und bekommen 100 Punkte gutgeschrieben. Sollten sie danebenliegen, haben sie eine zweite Chance. Dann werden immerhin noch 90 Punkte gutgeschrieben. Ist die Antwort auch diesmal falsch, gibt es keine Punkte und die Auflösung erscheint.

Neben den Mulitple-Choice-Fragen bietet das Spiel auch solche, die eine Texteingabe verlangen. „Hier am Altar wird im Gottesdienst gebetet. Nehmt euch ein bisschen Ruhe. Hier geht es nicht auf Zeit. Schreibt ein Kurzgebet von euch ganz persönlich auf. Gott wird es auch auf diesem Weg mitbekommen."

Die technischen Möglichkeiten des Smartphones werden gezielt eingesetzt, wenn die nächste Aufgabe heißt: „Im Lauf von 500 Jahren haben hier schon zigtausend Menschen Gott gesucht und gefunden. Wie kannst du am besten beten? Macht ein Foto von einem/einer von euch in Gebetshaltung!" Außerdem können die Spieler aufgefordert werden, ein Video zu machen. An der Altar-Station heißt es: „Aus dieser Bibel wird Gottes Wort für die Menschen verkündigt. Filmt einen von euch, der/die aus der aufgeschlagenen Bibel einen Vers vorliest."

© Marcus Kleinert

Die Ergebnisse können gemeinsam ausgewertet werden

Der Film, die Fotos wie auch alle anderen Ergebnisse können am Ende oder in der nächsten Stunde von allen gemeinsam per Beamer angeschaut und ausgewertet werden. Dabei lassen sich Themen oder Wahrnehmungen austauschen und vertiefen. Natürlich spielt der Wettbewerb eine Rolle. Wer es actiongeladen haben möchte, kann auch eine Zeit für die Lösung der einzelnen Aufgaben vorgeben mit Punktabzug für Verzögerung. Auch das Einspielen von Audio-Sequenzen – etwa von der Orgel –, von Filmen oder Fotos ist möglich, um viele Sinne bei der Kirchenerkundung zu nutzen.

Außerdem können die Konfis um ihre Meinung zu einer bestimmten Frage gebeten werden, etwa was ihnen

Quiz: Von der Kanzel predigt der Pfarrer oder die Pfarrerin im Gottesdienst. Was ist euch am wichtigsten an der Predigt?

Legende

1 – dass meine eigenen Fragen oder Probleme vorkommen.

7 – dass sie Beispiele aus dem Leben enthält.

15 – dass die alten Geschichten der Bibel gut erklärt werden.

2 – dass man auch mal schmunzeln oder lachen kann.

an der Predigt am wichtigsten ist. Das Ergebnis der ganzen Gruppe kann dann in einem Tortendiagramm bei der Auswertung angeschaut werden. Mindestens so sinnvoll wie die Erkundung selbst ist das Reflektieren der Ergeb-

nisse. Hier bietet die Seite *Actionbound* sehr gute Varianten an. Es können die Ergebnisse pro Gruppe betrachtet werden. Die Betroffenen können selbst kommentieren, was sie gemacht und gedacht haben, die anderen können nachfragen. Es ist aber auch möglich, die Antworten aller Gruppen miteinander zu vergleichen.

Die Erstellung eines *Actionbound* ist im Vergleich zu den technischen Möglichkeiten, die er bietet, nicht sehr schwer. Die Masken für die verschiedenen Aufgabe-Arten sind selbsterklärend. Inzwischen gibt es gute Tutorials im Internet zu finden. Die Macher von *Actionbound* sind der kirchlichen Jugendarbeit durchaus zugeneigt und helfen kompetent und freundlich, wenn es um Fragen der Lizenz geht.

Der Charme von *Actionbound* liegt darin, dass das Smartphone genutzt wird, um die stoffliche Welt besser zu begreifen. Da ist der Kirchenraum nur eine Möglichkeit von vielen. Wer etwa eine Erkundung seiner Kirchengemeinde oder des Friedhofs machen möchte, kann statt QR-Codes die GPS-Funktion der App nutzen – ein zusätzlicher Ansporn für die Spieler, wenn mit dem Handy bestimmte Punkte angesteuert werden sollen. Nicht allein der Spaß, den das Lösen der Aufgaben im Wettstreit mit den anderen macht, sondern auch die inhaltlich vertiefte Auswertung machen *Actionbound* zu einem pädagogisch und didaktisch wertvollen Instrument für Schulklassen, Konfiarbeit und Jugendgruppen. Und das bei einer Technik, die einfach zu bedienen ist und zuverlässig funktioniert.

Anmerkungen

1 Diese und die folgenden Zahlen sind der aktuellen JIM-Studie entnommen. Quelle: JIM 2018. Jugend, Information, Medien. Basisuntersuchung zum Medienumgang 12- bis 19-Jähriger in Deutschland. Herausgeber: Medienpädagogischer Forschungsverbund Südwest. Link: www.mpf.de.

2 Alle Informationen auf der Website www.actionbound.de.

Mehr Infos:

https://de.actionbound.com

Marcus Kleinert ist Pfarrer der Evangelischen Kirche in Hungen.

Fresh X-digital*:
Neue Ausdrucksformen für dezentrales Zusammenarbeiten

Birgit Dierks

Ich wühle mich durch gut 100 Emails, die in den letzten Tagen aufgelaufen sind. Dann ein Anruf. Es geht um eine Nachricht von vor drei Wochen (oder schon vorher?), die ich noch nicht einem der vielen Unterordner von Outlook zugeordnet hatte. Die Suchfunktion für über 4000 Mails, die in meinem Konto liegen, hilft da wenig. Viel zu viele E-Mails tauchen auf, in denen der Absender auch genannt war. Also alles durchscrollen … Das nervt und kostet Zeit.

Wer kennt das nicht? Es laufen viele Projekte oder Arbeitsvorhaben und überall finden sich relevante Informationen: in Protokollen, Projektpapieren, selbst Mitgeschriebenem (vielleicht sogar schon in einem „Superbuch" oder „Bulletjournal"), E-Maila-Anhängen, Mindmaps oder Dateien in unterschiedlichen Ordnern und Kategorien und oft auch Bearbeitungsversionen. Was man für sich selbst vielleicht noch gut regeln kann, wird eine komplexe Herausforderung in der Zusammenarbeit mit anderen und in der Organisation von Netzwerken.

Wie kann man der Atomisierung von Informationen entkommen? Im Folgenden gibt es einen Einblick, wie wir als dezentral arbeitendes, kleines Fresh X-Team (5–6 Personen mit zusammengerechnet nur 1,3 Stellen) digital zusammenarbeiten. Wir sind angewiesen auf Effizienz und Effektivität, um die deutschlandweite Arbeit eines umfangreichen Netzwerkes zu unterstützen und zu koordinieren. Dieser Bericht ist völlig subjektiv und sagt nichts Grundsätzliches über die Qualität der genannten Produkte aus.

Wie es begann … – Sharepoint/Office 365

Um überhaupt jenseits von Dropbox gemeinsam Dateien verwalten zu können, wurde von einer Mitarbeiterin in Sharepoint/Office 365 (Microsoft) eine Archivstruktur angelegt. Das funktioniert wie ein digitaler Leitz-Ordner mit Suchfunktion. Wir nutzen es in erster Linie als Datei-Archiv. Kommunikation über die Inhalte dieser Dateien oder eine Verknüpfung von Inhalten ist damit nicht möglich. Dafür gibt es in Office 365 zwar extra Apps wie Yammer (eine Art Messenger), Teams oder OneNote zum Verknüpfen. Aber das sind dann wieder drei verschiedene Anwendungen, die geöffnet und verwaltet werden wollen. Und dann habe ich trotzdem Informationen für eine Sache verteilt auf mehrere Orte.

Podio: eine Art *eierlegende Wollmilchsau* für digitale Zusammenarbeit

Schon vor zwei Jahren hörte ich über Pf. Helge Seekamp von der Plattform Podio (Citrix), über die er die gesamte Gemeindearbeit und das *endlich-leben-Netzwerk* organisiert und eine Bürgerplattform für Lemgo eingerichtet hat.[1] Über die cloudbasierte Software kann man ein eigenes Intranet mit passwortgeschütztem Bereich einrichten, in dem man nur per Einladung teilnehmen kann. Man kann es kostenlos mit bis zu fünf Eingeladenen testen. Will man mehr beteiligen, benötigt man eine kostenpflichtige Lizenz. Was den Ausschlag für eine einjährige Testphase in unserem Team gegeben hat, ist die Möglichkeit, die Plattform nach unseren Bedürfnissen konfigurieren zu können. Sie kann vollkommen kontextualisiert und für unterschiedlichste Abläufe, Projekte und Themen angepasst werden, so dass Felder und Formulare die eigene Sprache sprechen. Alles kann ohne Programmierkenntnisse auch nachträglich verändert und weiterentwickelt werden. In den einzelnen Workspaces (also sachbezogenen Bereichen bzw. Gruppen) installiert man selbst konfigurierte Apps für Besprechungen, Projekte, Teilnehmeranmeldungen, Programmpunkte von Events, Feedback, Abrechnungen, Wissensdatenbanken und Brainstorming usw. Über Verknüpfungen werden Querverbindungen geschaffen. So schicke ich jetzt für

kirche
erfrischend
vielfältig

das Teammeeting nicht mehr mehrere E-Mails zum Einladen, Abfragen von Tagesordnungspunkten und Ver-
schicken der endgültigen Tagesordnung, sondern nutze
eine Meeting-App, in der alle Mitglieder selbständig ihre
Themen oder Dateien einbringen. Dort findet sich auch
der Link für eine Videokonferenz mit dem Dienst ZOOM.
Aufgaben werden persönlich zugewiesen, sodass sie jeder
in seinem Bereich zur Verfügung hat oder auch auf der
Handyapp einsehen kann. Mittelfristig sollen dann auch
Workspaces eingerichtet werden, um Plattformen zum
Austausch und zur Zusammenarbeit in der Breite des
Netzwerkes zu bieten.

Zugegebenermaßen werden nicht alle begeistert sein.
Denn die größte Stärke, nämlich alles individuell anlegen zu können, ist auch die größte Herausforderung, da
man auch wirklich **alles** selbst anlegen und gestalten
muss. Es gibt zwar einen riesigen App-Markt als Modell-
baukasten, aber sonst keinerlei Vorgaben. Das braucht
etwas Zeit, Geduld und am besten jemanden, der schon
Erfahrungen damit gesammelt hat. Das tun wir gerade

und wir sind auskunftsfreudig (dierks@fresh-x.org), um
auch neue digitale Ausdrucksformen für Zusammenarbeit
im Raum von Kirche zu fördern.

***Das Fresh X-Netzwerk, das deutschlandweit angelegt
ist, steht für neue Ausdrucksformen von Kirche, die
mit Menschen gestaltet wird, für die die Kirchen in
den bestehenden Formen und Formaten nicht in Frage kommen, aber die dennoch Gutes tun möchten und
Fragen über Gott und die Welt haben.**

Mehr Infos:

https://www.freshexpressions.de

Anmerkung
1   Vgl. den Beitrag von Helge Seekamp in dieser Ausgabe, S. 24.

*Pfarrerin Birgit Dierks arbeitet als
Referentin für missionale Gemeindeent-
wicklung bei midi, der neuen Evangeli-
schen Arbeitsstelle für missionarische
Kirchenentwicklung und diakonische
Profilbildung in Berlin.*

evangelippisch.de

Helge Seekamp

Die Kirchengemeinde St. Pauli ist eine geistliche Gemeinschaft von Menschen, die in Lemgo und darüber hinaus miteinander vernetzt leben und arbeiten. Wie jede Gemeinde hat Pauli begrenzte Ressourcen, dazu gehört, dass Mitarbeitende immer weniger Zeit haben, sich zu treffen. Hier helfen die neuen Medien und Geräte weiter. Das Internetzeitalter hat dazu geführt, dass Menschen sich daran gewöhnt haben, in jedem ungenutzten Augenblick mal schnell mit ihren Freunden, Kolleginnen oder auch Familienmitgliedern Informationen auszutauschen.

Dieser neue Umgang mit den Medien und Möglichkeiten ließ die Zeit nun reif sein, dass sich auch die Gemeinde St. Pauli in ihrer Zusammenarbeit völlig neu organisiert hat. Ende 2013 startete der Kirchenvorstand das Projekt: Eine sichere und vor allem moderne Verbindung aller Mitarbeitenden über das Internet.

Eine St.-Pauli-Kopie im Internet

Dabei nutzt die Gemeinde eine Software vom Anbieter Citrix (podio.com), die ein passwortgeschütztes Internet bereitstellt. Dieses so genannten *Intranet* muss man sich vorstellen wie einen Nachbau aller Räume, Gruppen, Kreise und Büros der Kirchengemeinde. In dieser digitalen St. Pauli-Welt, die wir *Mein St.-Pauli* nennen (www.*Mein-st.-pauli-lemgo.de)*, gibt es alles, was es in der wirklichen Kirchengemeinde auch gibt.

- MENSCHEN: Jede wirkliche Person hat eine digitale Person (mit einem Bild von sich) angelegt, kann dort Adresse und Vorlieben eintragen und sich so für alle bekannt machen.
- GRUPPEN: Jeder Ausschuss hat seinen Bereich, in dem nur die Ausschussmitglieder lesen und schreiben können.
- SITZUNGEN: Der Kirchenvorstand findet in seinem Bereich alle Sitzungstermine, Sitzungsthemen und Erläuterungen.
- GOTTESDIENSTE: Die Gottesdienstplanung für Kinder-, Jugend- und Erwachsenengottesdienste werden von 114 Mitarbeitenden besucht. Dort werden Liedertexte, Noten und Klangbeispiele oder Ankündigungen, Ansagen und Teams gesammelt, organisiert und in den jeweiligen Gottesdienst eingefügt. So entsteht ein Gottesdienstablaufplan, der aus ca. zehn Akteuren und verschiedensten Informationen von den Zuständigen erarbeitet wird. Dabei treffen sich die Menschen zum Teil wirklich oder eben nur in der digitalen Pauli-Gemeinde, wo sie aber alle wichtigen Informationen genau an einem Ort finden.
- VERWALTUNG: Unsere Verwaltung hat sich seitdem mehr und mehr in das papierlose Büro verwandelt. Anmeldungen (z.B. zur Taufe) werden im Internet angenommen, dann gemeinsam mit Gemeindebüro und Pfarrern weiter bearbeitet. Und alles bleibt an einer Stelle.

Was ist jetzt anders?

Früher ging vieles schon per E-Mail, Word-Dokumente wurden hin- und hergeschickt, Listen auf den neusten Stand gebracht oder man griff zum Telefon. Die Mitarbeiterin aus dem Büro trug wirkliche Papierseiten in den Kirchenvorraum, dort holte sich der Moderator die Ankündigungen ab. Das Musikteam suchte in Notenbüchern seine Lieder zusammen. Jetzt wird so mancher Gang durch einen Eintrag im Intranet ersetzt. Am Tablet wird dann umgeblättert, dort befinden sich alle 300 und mehr Lieder mit einem Klick auf die Notenapp, sie werden zu Listen sortiert und fertig. Lieder können im Gottesdienstplan einfach per Klick eingefügt werden.

Die Verantwortlichen haben jetzt über fünf Jahre Erfahrungen gesammelt, Mitarbeitende haben sich in die neuen, ungewohnten Umgangsweisen innerhalb der digitalen Welt eingeübt. Eine solche Veränderung stellt für alle eine große Herausforderung dar: Stellen Sie sich nur vor, wenn 350+ Personen mit unterschiedlichen Charakteren, verschiedenen Lebens- und Lernstilen, die auch noch unterschiedlich gute oder schlechte Vorerfahrungen mitbringen, wenn diese alle sich auf den Weg machen und eine neue gemeinsame Welt erkunden, ist das ein Abenteuer und braucht einiges an Motivation. Gelingt es uns? Schafft die digitale Kopie es, dass die Menschen unserer Gemeinde sich besser zurechtfinden? Oder werden Menschen überfordert? Durch eine gründliche Starterschulung hat die Gemeindeleitung versucht, es möglichst allen leicht zu machen, einzusteigen.

Gelungen ist schon mal dies: Die Arbeitsgruppen des Kirchenvorstands haben gelernt, wie sie miteinander besser verzahnt arbeiten können. Im Intranetbereich, wo zur Zeit rund 450 Gemeindeglieder eingeladen sind, lesen und schreiben viele fleißig, klicken und kopieren interessante Links ein und können so einander besser kennenlernen, ohne dafür einen Schritt aus dem Hause zu machen. Das schafft viele neue

Chancen, sich zu begegnen. Gewiss, zuerst in der (etwas blassen) Gemeindekopie, später aber auch an den anderen wirklichen Orten im prallen Leben. Wer war das nochmal, der im Gottesdienst da vor oder hinter mir saß? Wie ist ihr Name, hat sie vielleicht ähnliche Interessen wie ich? Ich schau mal im Intranet nach, ob sie sich dort schon gezeigt hat.

Könnte das für Sie interessant sein?

1. **AKTIVITÄT**: Hier können wie in einem E-Mail-Verteiler Inhalte weitergegeben werden und zusätzlich miteinander diskutiert und schnell reagiert werden (und wenn es nur ein „Gefällt-mir Klick" ist). Jede Meldung geht hier an alle.
2. **MARKTPLATZ**: Biete-Suche-Anliegen, die Kleinanzeigen von Pauli. Zur Zeit sind 221 Angebote oder Gesuche aufgelistet. Von Kinderbüchern zum Verschenken oder E-Pianos zum Verleihen oder Kaufen bis zu Einbauküchen werden dort alle großen oder kleinen Gegenstände angeboten, die im Alltag gebraucht werden.
3. **ANLIEGEN**: Unser Newsletter, wo wichtige Infos aus der Arbeit für die Veröffentlichung in Brücke, Vielfaltblatt kommuniziert werden. Events werden auch unter Anliegen verknüpft, vorher aber in Events (6) eingetragen.
4. **DISKUSSION**: Hier können zu zur Zeit zehn Themen ernsthaft und hart, aber fair diskutiert, um sie gerungen und daraus gelernt werden. Es geht uns um Inhalte und Herzensanliegen, wir wollen uns verstehen lernen.
5. **INSPIRATION**: Hier sammeln wir alle Wünsche, die in Pauli verwirklicht werden sollten. Geistliche können Erfahrungen und Wissenswertes oder was Menschen eben so inspiriert teilen.
6. **EVENTS**: Für Freizeiten, Mitarbeiterweiterbildung, Kurse … per Klick anmelden.
7. **GOTTESDIENSTE**: Enthält Datum und Inhalte der Gottesdienste. Unter Diskussionen lassen sich Predigtreihen, Themen anlegen und mit Gottesdiensten verbinden. So können Gottesdienste nachwirken.
8. **ORGANIGRAMM**: Dokumentiert die Strukturen und Ansprechpartner im Pauli-Netzwerk. So findest du Telefonnummern und Zuständige.
9. **STELLENBÖRSE**: Hier werden Mitarbeitende gesucht. Eine wunderbare Möglichkeit für Ehrenamtliche, sich mit ihren Möglichkeiten anzubieten.
10. **REGELN**: Das Regelwerk von Pauli, Leitbilder, Projektablauf-Pläne und Grundlagendokumente, Glaubensgrundlagen usw.
11. **RÄUME**: Falls ihr mal einen Raum braucht, hier lässt er sich buchen.

Sprechen Sie mich an, wenn Sie selbst solch ein Intranet und eine digitale Verwaltung benötigen. Wir haben einen Dienstleister, der alles ohne große Hürden zur Verfügung stellt.

Dieser Artikel ist zu finden unter: <http://www.evangelippisch.de/author/helge-seekamp/>. Der Abdruck erfolgte mit freundlicher Genehmigung des Authors.

Helge Seekamp ist Pfarrer der Kirchengemeinde St. Pauli, Lemgo.

Chatstories –
Biblische Geschichten erzählen

Lutz Neumeier

Das Erzählen von Geschichten oder neudeutsch **Storytelling** ist von Anbeginn für die Menschheit als Weitergabe von Erlebtem, von Wissen und zur Unterhaltung genutzt worden. Schauen wir auf die Lebenswelt der Menschen heute, so ist deutlich, dass nicht nur die mündliche Unterhaltung, sondern auch der (smartphone-vermittelte) schriftliche Chat zur selbstverständlichen Kommunikation zählt, inklusive Bilder, Videos etc. Diese Kommunikationsform gilt es für die Weitergabe christlicher Inhalte zu nutzen. Eine der neueren Möglichkeiten dazu ist das Erzählen der biblischen Geschichten in sogenannten Chatstories: Nachempfundene Unterhaltungen z.B. zwischen Personen aus der Bibel[1].

Dazu gibt es einfache Möglichkeiten mithilfe von Apps, die eine Unterhaltung zwischen Chatpartnern nachbilden (A), oder die aufwändigere Variante mit einer Originalchat-App (B) mit notwendiger Nachbearbeitung.[2] In der einfachen Form A) wird nur ein Smartphone und die App benötigt. Der Originalchat B) benötigt je ein Smartphone mit Chat-App für jede sich beteiligende Person. Die App muss online genutzt werden.

1. Voraussetzungen
Das Erstellen von Chat-Stories erfordert auf der Seite der Anleitenden bei Variante A) keine technischen Kenntnisse. Anleitende können die Jugendlichen getrost machen lassen. Einige erklärende Hinweise, wie man eine Geschichte planen kann, sind für die Jugendlichen aber wichtig und hilfreich.

2. Inhaltliche Vorarbeiten
Für die inhaltliche Vorbereitung gilt, was fürs Erzählen von Geschichten immer gilt: Überlegen der Geschichte bzw. Lesen einer vorgegebenen (z.B. biblischen) Geschichte und Skizzieren der entscheidenden Inhalte. Es hat sich als sinnvoll erwiesen, den geplanten Chat in Rollen verteilt vorher als Script aufzuschreiben.[3] Für Variante B) ist es sinnvoll, die aus-

gefüllte Vorlage für alle Beteiligten zu kopieren.

A) Einfache Form

Das Aussehen des Filmes ist nicht originalgetreu wie heute genutzte Messenger, was auf den Inhalt aber keinen Einfluss hat.
Pro: Sehr einfach zu bedienen und offline möglich.
Contra: Eigentlich nur für eine Person, Ergebnis optisch nicht ganz so schön.

3. Technische Voraussetzungen
Ein Smartphone mit App, die es für iPhone und Android gibt, z.B. „Chat Story Maker" oder „TextingStory".

4. Umsetzung
Eine Person schreibt entsprechend dem Script (siehe 2.) den Chat. Beide oben genannten Apps exportieren nach Eingabe des Chats ein fertiges Video, allerdings ohne Tastatur unten und daher fast quadratisch.

5. Nachbearbeitung
Eine Nachbearbeitung ist nicht nötig.

B) Originalchat

Die Chat-Story entsteht in einer Original-Chat-App. Daher ist für jede beteiligte Person ein Smartphone mit installierter Original-Chat-App nötig.
Pro: Gleicht optisch den normalen Chats.
Contra: Deutlich aufwändiger in der Erstellung und vor allem in der Nachbearbeitung.

3. Technische Voraussetzungen
Die Smartphones müssen mit dem Netz verbunden sein, da ein wirklicher Austausch stattfindet. Der Austausch der Handynummern ist Voraussetzung. Es ist ein „Master-Smartphone" nötig, das den Chat aufzeichnet. Dieses muss eine

„Screen-recording-App" installiert haben (Android) oder ein iPhone sein. iPhones können den Bildschirminhalt als Video aufzeichnen: Im Kontrollzentrum findet sich der Bildschirmaufnahmebutton (roter Punkt mit rotem Kreis darum. Sollte dieser Button nicht da sein, kann man ihn aktivieren: Einstellungen – Kontrollzentrum – Steuerelemente anpassen – Bildschirmaufnahme (auf das Grüne + klicken). Für Android-Smartphones hat die App „AZ Screen Recorder" aus dem Playstore sehr viele sehr gute Bewertungen.

4. Umsetzung

Alle am Chat beteiligten Personen sollten das Script (siehe 2.) vor Augen haben und zusammensitzen. Es ist sinnvoll, wenn es einen „Regisseur" gibt, der den Schreibenden sagt, wer als nächstes dran ist, und der das Script dafür gut im Auge hat (ein nachträgliches Löschen oder Verändern ist bei der Nachbearbeitung natürlich möglich, macht dann aber u.U. viel Arbeit).

Das „Master-Smartphone", das den Chat aufzeichnet, ist sinnvollerweise das Handy der Hauptperson der Geschichte. Einige oder alle handelnden Personen können in einer gemeinsamen Chatgruppe sein. Es ist aber auch möglich, dass die Person mit dem „Master-Smartphone" zwischen Einzelchats wechselt, was dann auch im Video zu sehen ist. Wichtig ist, dass im „Master-Smartphone" in der Chat-App die handelnden Personen entsprechend umbenannt werden: von den wirklichen Namen auf die Story-Namen. Genauso sollten die Profilbilder entsprechend verändert werden. Es ist gut, wenn möglichst selten längere Pausen zwischen einzelnen Nachrichten entstehen. Lange Pausen können in der Nachbearbeitung aber auch herausgeschnitten werden.

5. Nachbearbeitung

Eine Nachbearbeitung ist sinnvoll, um z.B. entstandene längere Pausen oder Störungen (andere Nachrichten) herauszuschneiden. Auch kann die Gesamt-Geschwindigkeit des Videos erhöht werden, wobei sich 200% als sinnvoll erwiesen haben.

Die Nachbearbeitung kann auf dem Smartphone erfolgen, Computer sind aber deutlich besser geeignet. Zwei Gratis-Programme bieten sich für Windows und MacOS an: Entweder das übersichtlichere und im Leistungsumfang voll ausreichende „VideoPad" oder das sehr mächtige „DaVinci Resolve".

6. Zusammenfassung

Während Variante A) ohne jedes technische Vorwissen und auch alleine zum Storytelling genutzt werden kann, sind für Variante B) mehr oder weniger gute Kenntnisse mit einem Nachbearbeitungsprogrammen nötig. Die Ergebnisse unterscheiden sich optisch und vom „Chat-Feeling" entsprechend. Die erzählte Geschichte kann aber bei beiden Varianten genauso gut transportiert werden. Im Normalfall wird sich schon beim ersten Ausprobieren herausstellen, dass die Jugendlichen die Chat-App und technischen Voraussetzungen im Normalfall besser beherrschen als die Anleitenden. In vielen Fällen wird das auch für eventuelle Nachbearbeitungsprogramme gelten.

7. Interaktive Chats

Als Ausblick sei noch auf eine interaktive Möglichkeit des Storytelling mit Chatfunktion hingewiesen: Bei den Varianten A) und B) werden Videos erzeugt. Es ist aber auch möglich, den Betrachter aktiv mit einzubeziehen: Dazu gibt es zum Beispiel den (englischen) Service „interview. js"[4]. Wer Webseiten (mit HTML und CSS) programmieren kann, kann solche Geschichten auch selber schreiben. Beispiele finden sich im Adventskalender 2018 unter <http://advent.hier.digital>.

Anmerkungen

1 Beispiele: <http://n16.me/cst>.

2 Sicher gibt es weitere Möglichkeiten. Diese Anleitung erhebt keinen Anspruch auf eine vollständige Darstellung, will aber erprobte Wege aufzeigen.

3 Unter <http://n16.me/cpv> findet sich eine Chatprotokoll-Vorlage zum Vorbereiten.

4 https://interviewjs.io

Lutz Neumeier ist Pfarrer in der Ev. Marienstiftsgemeinde Lich, Medienpädagoge und Mediator.

Mehr Infos:

http://n16.me/mpg

Das digitale Potential von
Virtual und **Augmented Reality**
für die Konfirmandenarbeit entdecken

Jens Palkowitsch-Kühl

Gottes Schöpfung einmal anders wahrnehmen

Wie wäre es, wenn Sie mit Ihren Konfirmandinnen und Konfirmanden Gottes Schöpfung aus dem Weltraum betrachten könnten? Wenn Sie gemeinsam auf den Himalaya steigen könnten? – ohne den Raum zu verlassen? Wenn Sie die Lebenswelt anderer, mit deren Erfahrungen und Eindrücken wahrnehmen könnten?

Schon jetzt bieten digitale Werkzeuge die notwendigen Grundlagen, um dies zu ermöglichen. Man setzt eine futuristisch anmutende Brille auf und befindet sich mittendrin in der virtuellen Realität (VR). Dabei bieten Plattformen wie Google Expeditionen[1], Sites in VR[2] und Arte 360[3] einen niedrigschwelligen Zugang zu oftmals unbekannten Orten und interessanten Perspektiven. Um in den Genuss dieser Eindrücke zu kommen, reicht es zunächst aus, ein Smartphone oder Tablet zu besitzen, auf dem die jeweiligen Apps installiert oder Webseiten aufgerufen werden können. Für ein immersiveres Moment empfiehlt sich eine 360°-Grad-Brille, z.B. Google Cardboard, welche sich leicht selbst bauen lässt bzw. kostengünstig zu erwerben ist.[4] Zusammen mit dem Smartphone[5] bieten sie eine ungewohnte Nähe und oftmals auch einen Perspektivwechsel, der in Empathie übergehen kann.

Welche Eindrücke lassen sich in die pädagogische Arbeit in der Gemeinde einbinden?

Gerade im Bereich religiöser Bildung eröffnen neue Perspektiven neue Horizonte. So lässt sich etwa das Leben im heutigen Jerusalem[6] miterleben oder der Alltag syrischer Flüchtlinge in Limbo wahrnehmen[7]. Was einst so fern schien, erscheint in der virtuellen Realität als einen selbst betreffend. Diese Nähe birgt die Gefahr, die Distanz zu verlieren; sich mit dem Erlebten zu identifizieren. Denn auch wenn beispielsweise die Not und das Elend, das einen rundherum umgibt (noch) nicht physisch fühl-, schmeck- und riechbar ist, so möchte unser Gehirn glauben, dass es echt ist. Eine emotionale Bedrängnis kann sich breitmachen. Daher ist es notwendig, Ausflüge in virtuelle Realitäten gut vorzubereiten, anzuleiten und altersentsprechend zu gestalten. Denn insbesondere Kindern fällt die Unterscheidung realer und virtueller Erlebnisse schwer, sodass derartige Ausflüge erst ab dem fortgeschrittenen Grundschulalter zu empfehlen sind.

Wenn es um andere Kulturen und Religionen geht, können virtuelle Räume Zugänge zu fremden Gewohnheiten, religiösen Ritualen und Praktiken schaffen. Erfahrungen, die so gemacht werden, können dann etwa stereotypischen Denkmustern entgegenstehen; interkulturelle und interreligiöse Kompetenzen werden geschärft.

Virtuelle Realitäten selbst erstellen

Virtuelle Welten aufzusuchen, in diese einzutauchen und diese wahrzunehmen ist eine Möglichkeit der Integration dieser neuen Technologie in die Konfirmandenarbeit. Eine weitere Chance, die sich damit ergibt, ist das Erstellen eigener VR-Inhalte – und das ist einfacher, als man es sich zunächst vorstellt.

Wallfahrtskirche Mater Dolorosa in Katzdorf

Cardboard Camera – der Einstieg in VR

Die APP Cardboard Camera[8] macht den Einstieg in die VR-Fotografie einfach. Hier wird kein natives 360-Grad-Foto aufgezeichnet, sondern ein 360-Grad Panorama, bei dem im oberen und unteren Bereich keine Bilder aufgenommen werden. Die Bilder lassen sich jedoch in gängigen Sozialen Netzwerkdiensten als Rundumbild teilen.

Google Street View – echte 360-Grad-Bilder mit dem Smartphone

Echte 360-Grad-Bilder lassen sich mit der App Google Street View aufzeichnen, indem die Kamera um die eigene Achse gedreht wird. Spätestens hier empfiehlt sich die Nutzung eines Stativs. Die Bilder lassen sich direkt in Google Maps einfügen, aber auch privat – ohne Veröffentlichung – teilen. Die Bildqualität beider Einsteigermöglichkeiten hängt maßgeblich von der Kamera des Smartphones ab. Völlig unabhängig davon lassen sich Aufnahmen mit sogenannten 360-Grad-Kameras[9] anfertigen. Diese verbinden sich meist über WLAN mit dem Smartphone, geben ein Vorschaubild wieder und lassen sich frei im Raum positionieren, sodass Sie nicht selbst auf dem Bild zu sehen sind.

Virtuelle Welten gestalten und veröffentlichen

Sind die gewünschten Aufnahmen erst einmal aufgezeichnet, dann sollten diese optimalerweise noch aufbereitet werden. Jetzt heißt es neben der Bearbeitung der Helligkeit, Farbgebung etc., auch ungewollte Artefakte (z.B. Gesichter, Kennzeichen etc.) zu verfremden. Das funktioniert am Smartphone mit den gängigen Fotobearbeitungsanwendungen oder auch bequem am heimischen Computer. Die bearbeiteten Bilder können nun auf den gängigen Social-Media-Kanälen geteilt, auf Google Maps[10] veröffentlicht oder privat betrachtet werden. Zusätzlich ist es möglich, mit den Bildern weiterzuarbeiten, um virtuelle Touren bzw. Präsentationen zu erstellen.

Stories360.org – Auf die Schnelle eine Tour erstellt

Sehr schnell lässt sich in Stories360.org[11] eine virtuelle Welt erstellen, die mit Videos, Audio, Texten und Bildern angereichert ist, sodass man sie anschließend mit dem Smartphone aufrufen oder auf der Homepage einbetten kann.[12]

Mater Dolorosa in Katzdorf

Tour Creator für Google Expeditionen

Mit der eingangs erwähnten Anwendung Google Expeditionen lassen sich mit Tour Creator[13] erstellte Touren begehen. Die Aufnahmen werden in Szenerien dargestellt und mit Audio, Text und Bildern überlagert.[14]

St. Stephan in Würzburg

Thinglink – Komplexe Touren

Richtige Touren mit Wegpfeilen lassen sich mit der kostenpflichtigen Anwendung thinglink[15] erstellen. Dabei können neben den gewöhnlichen Elementen auch Internetseiten, Umfragen und Inhalte aus den Social-Media-Kanälen eingebunden werden.

Christuskirche in Bayreuth

alle Abb. © Jens Palkowitsch-Kühl

Anmerkungen:

1 https://edu.google.com/intl/de_de/expeditions/#about
2 http://www.sitesinvr.com/
3 https://www.arte.tv/sites/de/webproductions/category/arvr/?lang=de
4 https://vr.google.com/cardboard/get-cardboard/
5 Mit einem Beschleunigungssensor (accelerometer), Gyroskop und bestenfalls einem Full HD-Display.
6 https://www.arte.tv/sites/de/webproductions/geschichten-aus-jerusalem/?lang=de
7 http://youvis.it/vr/rescue
8 https://vr.google.com/intl/de_de/cardboard/apps/
9 Bspw. für den Einstieg bis 100€: Samsung Gear 360; Huawei Envizion 360 Camera; bis 200€: Ricoh Theta SC. Bitte beachten Sie die Kompatibilität zu Ihrem Smartphone. Für hochqualitative Bilder lohnt es sich eine Panono 360 Camera 16K auszuleihen.
10 https://goo.gl/maps/HgPwARZtW1y
11 http://stories360.org/
12 http://stories360.org/watch?vr=ryeBHfLNXN&pr=1
13 https://vr.google.com/tourcreator/
14 https://poly.google.com/view/bFzP8btg_D4
15 https://thinglink.com

Teil 2 des Artikels mit möglichen Anwendungsszenarien der VR-Welten gibt es exklusiv für unsere Abonnenten auf der Webseite:

http://www.praxis-gemeindepaedagogik.de

Jens Palkowitsch-Kühl ist wissenschaftlicher Mitarbeiter am Institut für Evangelische Theologie und Religionspädagogik der Julius-Maximilians-Universität Würzburg.

Ehe es BigData und das www gab und ehe das Internet geschaffen wurde, bist du, Gott, von -∞ bis +∞.   twalm 90,2

„Gott ist wie eine Suchmaschine ...“

Der Twitter-Psalm #Twalm als neuer Zugang zu alten Texten

Annika Schreiter

Beim Frühlings-Barcamp Kirche Online trafen sich im April 2018 in Wittenberg technikbegeisterte Gemeindemitarbeiter, twitternde Pfarrerinnen und neugierige Digital-Neulinge. Dort wurden Projekte diskutiert, Tools vorgestellt und Ideen entwickelt. Eine davon ist der Twalm – eine Wortschöpfung aus Psalm und Twitter. Unter dem Hashtag #Twalm werden Psalmtexte in eine internet-affine Sprache übertragen und bei Twitter und Instagram veröffentlicht.[1]

Verschmelzung von Online und Offline

Wer nach 1990 aufgewachsen ist, kennt keine Trennung zwischen analoger Welt und digitalem Raum. Online-Medien verschmelzen mit der Wirklichkeit, erweitern sie, machen manches komfortabler und vieles komplizierter (Initiative D21, 12; Krotz 2017, 27f). Glauben (auch) online zu leben, ist schlicht eine Konsequenz dieser digitalisierten Lebensrealität. Mensch gibt schließlich an der Haustür sein Christsein nicht ab. Warum also beim Öffnen von Twitter?

Psalme bei Twitter

Psalme beeindrucken mit poetischer Kraft und gewaltigen sprachlichen Bildern, aber auch mit Menschlichkeit im Zwiegespräch mit Gott – da geht es um Lob und Dank, um Zweifel, Schuldgefühle oder Angst. Den Psalmen ist nichts Weltliches fremd, aber sie verpacken es in eine poetische Sprache, in der man die Verbindung zu Gott spürt. Bis heute prägen sie daher Glauben und Beten. (Vgl. Müller 2013; Müller 2018.) Ein Psalm als Twalm klingt nun wie folgt. Wo Martin Luther übersetzte: „Singt dem Herrn ein neues Lied, denn er tut Wunder!“ (Psalm 98,1), twittert eine Twalmerin: „Tweetet dem Herrn ein paar freshe Memes, denn er tut Wunder!“ Oder: „Sei mir ein starker Fels und eine Burg, dass du mir helfest!“ (Psalm 31,3) wird zu: „Sei mir ein voller Akku und ein gutes Netz, so hilfst du mir!“

Martin Luther als Vorbild?

Das mag seltsam klingen, oft lustig und für weniger Online-Affine nach einer unbekannten Sprache. Doch gehen wir in der Geschichte der Psalme zurück, wurden sie schon oft verändert und an neue Lebenswirklichkeiten angepasst (Müller 2013). Jede Übersetzung ist immer eine Interpretation, die den Ursprungstext verändert. Das beste Beispiel dafür ist Martin Luther. Das Besondere seiner Übersetzung – die ja nicht die erste war – lag darin, dass sie die Lebenswirklichkeit der Menschen aufgriff. „Dem Volk aufs Maul schauen“ wurde zu einem geflügelten Wort. Luther nahm die alten

Texte, überlegte, welche Botschaft in ihnen steckt, und fand dann eine Sprache, die die Menschen in seiner Umgebung verstanden (Ringleben 2014).

Genau das steht hinter der Twalm-Idee: Überlegen, was der alte Text mir heute sagt, und dann Worte finden, die zu meiner digitalisierten Lebenswirklichkeit passen. Das kann ungewohnt klingen oder witzig – keine Frage! Aber diese Belustigung zeigt, dass wir gewohnt sind in einer Sprache zu beten, die in Luthers Zeit gehört und nicht in unsere eigene. Wir finden es absurd, wenn *Internet* oder *Megabytes* in einem Gebet auftauchen statt Worte wie *Zuflucht* oder *Heil*, die in unserem alltäglichen Sprachgebrauch sonst selten sind. Schauen Sie also einfach mal unter #Twalm nach und twittern Sie mit. Oder *twalmen* Sie mit einer Jugendgruppe. Diese Übersetzungsarbeit bereitet Spaß, nimmt die Lebensrealität (junger) Menschen ernst und ermöglicht gleichzeitig einen neuen Zugang zu Psalmen.

Literatur

Initiative D21 e.V. (Hrsg., 2019): D21 DIGITAL INDEX 2018/2019. Jährliches Lagebild zur Digitalen Gesellschaft, online abrufbar unter: <https://initiatived21.de/app/uploads/2019/01/d21_index2018_2019.pdf> (05.03.2019)

Krotz, Friedrich (2017): Wandel von sozialen Beziehungen, Kommunikationskultur und Medienpädagogik. Thesen aus der Perspektive des Mediatisierungsansatzes, in: Brüggemann, Marion / Knaus, Thomas / Meister, Dorothee M.: Kommunikationskulturen in digitalen Welten. Konzepte und Strategien der Medienpädagogik und Medienbildung, München, 19–42.

Müller, Petra (2018). Vom Lesen zum Beten. In den Rhythmus der Psalmen finden, in: Praxis Gemeindepädagogik 71(2018), H. 2, 31–32.

Müller, Reinhard (2013). Psalmen (AT), in: Bauks, Michaela / Koenen, Klaus: Das wissenschaftliche Bibellexikon im Internet, Stuttgart, online abrufbar unter: <https://www.bibelwissenschaft.de/stichwort/31528/> (05.03.2019)

Ringleben, Joachim (2014): „Die Sprachen sind die Scheiden, darin dies Messer des Geistes steckt“ (Martin Luther). Sprache und Geist im Anschluss an Martin Luther, in: Höck, Dorothea / Passin, Carsten: Reformation und Sprache. Anregungen zum Philosophieren mit Jugendlichen aus dem Projekt „DenkWege zu Luther“, Neudietendorf, 15–24.

Anmerkung

[1] Geistliches Leben in Online-Räume zu tragen ist indes keine neue Idee. Unter dem Hashtag #Twomplet beispielsweise beten allabendlich bis zu 1.000 Nutzerinnen und Nutzer via Twitter ein gemeinsames Abendgebet nach Vorbild des traditionellen Komplet.

Dr. Annika Schreiter ist Studienleiterin für politische Jugendbildung an der Ev. Akademie Thüringen mit Sitz in Neudietendorf. Sie ist studierte Kommunikationswissenschaftlerin und einer ihrer Arbeitsschwerpunkte ist die Digitalisierung der Gesellschaft.

Sprechende Grabsteine

Was QR-Codes auf dem Friedhof zu suchen haben …

Christine Ursel

Foto: Matthias Süßen

Wonach schauen Sie beim Gang über einen Friedhof?
Wie wird die Person der Verstorbenen für uns lebendig?
Welche Geschichten können Grabsteine erzählen?
Und was sucht Digitales auf einem „analogen" Friedhof?

Ein kleiner Friedhof auf der Insel Amrum in der Nordsee. Weit erkennbar leuchtet der weiße Kirchturm der St. Clemens-kirche in den Himmel hinein. Er blickt nicht nur hinaus auf's Meer, sondern auch hinunter auf die Gräber derer, die schon lange oder auch erst vor kurzem verstorben sind. Besonders die alten Grabsteine sind etwas Besonderes: Mit geschwungener Schrift und aussagekräftigen Bildern erzählen diese die Geschichte der Insel und der Amrumer Walfänger und Kapitäne und ihrer Familien vor 300 Jahren. Es sind „sprechende Grabsteine", die Lebens- und Todesgeschichten berichten: von dem oft dramatischen Lebenswandel und den Schicksalen der Inselbewohner im 17./18. Jahrhundert. Zwischendrin blinken im Licht kleine quadratische Metallblättchen – oben an einem Stab befestigt – zwischen diesen besonderen Grabsteinen auf, mit kleinen schwarzen Quadraten, die ein Muster bilden. Die Grabsteine wurden sorgsam restauriert und gut sichtbar in einer „Allee der Steine" aufgereiht. Und dabei hat man zeitgemäße Technik gleich mit einplant.

Zu den interessantesten Grabsteinen werden über die zugehörigen QR-Codes Informationen zugänglich. Ein Smartphone haben viele Touristen dabei. Mit einem Klick kann ich dahinter blicken, tiefergehende Einzelheiten wahrnehmen, bekomme ich eine Lese- und Verstehenshilfe, die mich motiviert, mich mehr auf das einzulassen, was ich wahrnehme. Dazu brauche ich dann keinen Reiseführer oder Papierflyer. Über den QR-Code aus unserer Zeit kann ich eintauchen in die damalige Zeit, wo zur See zu fahren noch mehr als ein Abenteuer war. So wird Geschichte lebendig und ein Friedhof zu einem Entdeckungsort des Lebens …

Fotos: Moritz Spender

Christine Ursel ist Fortbildungs-referentin beim Diakonischen Werk Bayern – Diakonie.Kolleg. und Mitglied der Redaktion der PGP.

Mehr dazu unter:

http://www.erzaehlende-steine.de/

Anteil haben an der digitalen Gesellschaft

Senioren im ländlichen Raum im digitalen Umfeld unterstützen

Ulrike Steinsberger-Henkel und Dieter Zorbach

Wir leben in der Zeit des Wandels. Althergebrachte gesellschaftliche Strukturen verändern sich und wir verzeichnen eine neue Informations- und Kommunikationskultur bei Jung und Alt. Dem will auch der kommende 8. Altenbericht der Bundesregierung Rechnung tragen mit seinem Schwerpunktthema »Ältere Menschen und Digitalisierung«. Dahinter steht die Erwartung, dass es digital-technische Unterstützung und Kommunikationsmöglichkeiten älteren Menschen ermöglicht, ihr Alltagsleben eigenständig zu sichern. Das gewünschte Ziel: möglichst lange und selbstbestimmt im Alter zu Hause zu leben und an der Gesellschaft teilhaben zu können. Diese Chance der Digitalisierung hat auch *Initiative 55 plus-minus* schon vor Jahren gesehen.

Initiative 55 plus-minus und die App „Mein Dorf 55 plus – Trotz Alter bleibe ich"

Im Jahre 2003 wurde im Taunus von einigen Engagierten eine Initiative gestartet, deren Ziel es war und ist, Senioren und Seniorinnen beim Aktivbleiben im Alter zu unterstützen. Unter der Überschrift *Initiative 55 plus-minus* bieten Ehrenamtliche, hauptsächlich Seniorinnen und Senioren, unentgeltlich Projekte an. Dabei setzt die Initiative auf die Talente, Träume, Lebens- und Berufserfahrungen älterer Mitbürger. Das Engagement „mit und für andere" kommt dabei dem Bedürfnis vieler Älterer entgegen, weiterhin aktiv zu sein, gebraucht zu werden, Kontakte zu pflegen. Die Angebote der Initiative erstrecken sich von geführten Wanderungen, gemeinsamem Kochen, Töpfern, Yoga bis hin zu Bildungsangeboten. So hat die *Initiative 55 plus-minus* 2018 bei über 400 Veranstaltungen mehr als 4.900 Teilnehmende zählen können.[1]

Demografischer Wandel

Dahinter steckt eine gesellschaftliche Herausforderung für das Leben im Alter. In besonderer Weise im ländlichen Raum, wo die Zahl der Singlehaushalte auch im Alter stetig ansteigt. Dieser Entwicklung wie auch dem Rückgang der Infrastruktur und dem Mangel an sozialen Kontakten gilt es, Rechnung zu tragen.

Anteil haben an der digitalen Gesellschaft und sie mitgestalten

Ältere Menschen können sich dem Zugang zu neuen Technologien, sozialen Netzwerken und damit zur Teilhabe an einem mittlerweile selbstverständlichen Kommunikationsinstrument nicht oder nur sehr schwer entziehen. Die meisten möchten an der digitalen Welt teilhaben. Das Internet und seine Technologien bietet gerade vielen Älteren Chancen für mehr Lebensqualität. Darüber hinaus bietet es für die ältere Generation und Menschen mit eingeschränkter Mobilität die Möglichkeit, mit anderen in Kontakt zu kommen und zu bleiben. Was früher ein Besuch oder ein Telefonat ermöglichte, findet heute immer häufiger *online* statt: durch E-Mails, WhatsApp, Skype oder Facebook. Es ist realistisch, sich den Anforderungen und Lebensgewohnheiten der digitalen Welt zu stellen, aber das Motto der *Initiative 55 plus-minus* ist und bleibt: Gemeinsam aktiv werden! Und das auch bei konkreten Treffen!

Die Sozialen Netzwerke sind zugeschnitten auf die Bedürfnisse der jüngeren Generation und werden von Älteren meist nur wenig genutzt.

Deshalb finden Ältere oftmals nicht den richtigen Zugang. „20 Millionen ältere Menschen in Deutschland bleiben bei der Digitalisierung auf der Strecke", so Herbert Kubicek vom Institut für Informationsmanagement Bremen (ifib). Daher gilt es, hier die Chancen des digitalen Wandels zu erkennen und digitale Endgeräte sowie Software zu finden, die ihren Erfordernissen genügen.

Die App „Mein Dorf 55 plus – Trotz Alter bleibe ich"

Diesen Herausforderungen stellte sich die *Initiative 55 plus-minus* mit der Entwicklung einer App *Mein Dorf 55 plus – Trotz Alter bleibe ich*[2]. Mit Unterstützung der Fernuniversität Hagen und dem Softwarehaus Patongo, Bielefeld, der Förderinitiative *DRIN* der Evangelischen Kirche in Hessen und Nassau bzw. der Diakonie Hessen wurde eine virtuelle Plattform im Rhein-Lahn-Kreis geschaffen. Sie umfasst soziale und kulturelle Angebote, Ideen und Kontakte für ein generationsübergreifendes Miteinander – gemäß dem Motto „Gemeinsam aktiv werden". Hier finden sich Seniorinnen und Senioren mit ähnlichen Interessen zusammen, werden initiativ und/oder starten neue Projekte. Das kann eine lange Veranstaltungsreihe wie die sehr beliebten Wanderungen oder ein einmaliges Treffen zu einem aktuellen Thema sein. Begegnungen mit Bildungscharakter kommen ebenso vor wie Veranstaltungen, bei denen man »einfach nur« eine gute Zeit miteinander verbringen will. Aus den Begegnungen entstehen soziale Kontakte, die auch in den Alltag hineinreichen.

Mitglieder können um sich herum Kreise der Wahrnehmung aufbauen. Wer in einem solchen Kreis ist, der zeigt damit, dass ihr oder ihm die Person im Zentrum nicht egal ist. Regelmäßig bleibt man im Kontakt, teilt Freuden und Leiden des Alltags und hilft sich wechselseitig, wo Hilfe gebraucht wird.

Weitere Begegnungen entstehen durch die Vermittlung von Hilfen. Gerade in Zeiten, in denen auf dem Land nicht mehr alle Dienstleistungen verfügbar sind, ist nachbarschaftliche Hilfe wichtig. So wird gemeinsam der tropfende Wasserhahn in Ordnung gebracht, wofür im Gegenzug Hemdknöpfe angenäht werden.

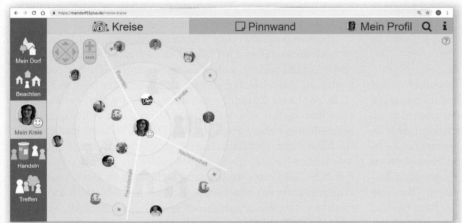

Durch wechselseitige Wahrnehmung und Unterstützung ermöglicht die App, dass ein eigenständiges Leben im Dorf auch in Zukunft möglich bleibt – selbst wenn die Infrastruktur zurückgeht, Läden schließen und junge Familienmitglieder das Dorf verlassen bzw. zunehmende gesundheitliche Beeinträchtigungen eine aktive gesellschaftliche Teilhabe erschweren.

Mehr dazu unter:

https://meindorf55plus.de

Seit dem 16.01.2017 können sich interessierte Seniorinnen und Senioren in den Verbandsgemeinden Nastätten und Loreley selbständig bei *meinDorf55plus* registrieren. So sind viele Angebote der *Initiative 55 plus-minus* und des Seniorenbüros *Die Brücke* im Rhein-Lahn-Kreis online buchbar. Schön wäre, wenn zukünftig weitere ehrenamtliche Anbieter sozialer Zusammenarbeit ebenfalls unser Portal nutzen. Medienkompetenz bei älteren Menschen ist jedoch keine Selbstverständlichkeit. Es gilt, Medienkompetenz zu vermitteln und sie ans Internet heranzuführen. So bietet die Initiative über die App hinaus im ländlichen Raum individuelle Unterstützung rund um den PC, Internetschnupperkurse, Einführung in die Handynutzung (Handyführerschein) und ein App-Café an, um Senioren bei ihren Schritten in die digitale Welt zu unterstützen.

Unsere App wird von Senioren gerne angenommen. Die Wissenschaft sowie auch Planer der Quartiersarbeit in Städten sind bereits am Konzept unserer App interessiert. Mit wenigen formalen Änderungen ist sie in anderen Regionen einsetzbar.

Anmerkungen
1   www.meindorf55plus.de
2   www.i55plus.de

Ulrike Steinsberger-Henkel arbeitet als Diplom-Pädagogin beim Projekt Mein Dorf 55 plus.

Dieter Zorbach, Realschulleiter i. R., ist Sprecher der Initiative 55 plus-minus und Projektleiter Mein Dorf 55 plus im evangelischen Dekanat St. Goarshausen.

„Unser Dorf: Wir bleiben hier!"

Ein Online-Kurs macht vor Ort mobil

Annegret Zander

Ist es möglich, virtuell Bildungsprozesse anzustoßen, die Menschen dazu anregen, in ihrem Ort für ihren Ort aktiv zu werden? Kann ich wildfremde Menschen, die ich als Bildungsbegleiterin nicht persönlich kennenlernen und die sich auch untereinander nicht kennenlernen werden, in ähnlicher Weise miteinander in Kontakt und ein gemeinsames Lernen bringen, wie ich das bei Präsenzveranstaltungen tun würde? Diese Fragen kann ich nach zwei Jahren Erfahrung mit dem DorfMOOC mit ja beantworten.

In den virtuellen Welten bin ich privat und beruflich schon viele Jahre unterwegs. Ich schätze die damit einhergehende Erweiterung meines Horizonts und die unerwarteten wertvollen Kontakte, die ich knüpfen konnte. Als Bildungsanbieterin bin ich begeistert von der Möglichkeit, mit mehr als 16 Teilnehmenden auf einmal zu arbeiten – und Menschen zu erreichen, die nicht in meine Veranstaltungen kommen können oder würden. Darum habe ich beherzt zugegriffen, als mein damaliger Kollege in der Erwachsenenbildung Gunter Böhmer mir anbot, gemeinsam einen MOOC zu entwickeln.

Mobiles „Lernen wann und wo ich will" trifft Dorf und Leben

Ein MOOC ist ein Massive Open Online Course, also ein Kurs, an dem eine große Zahl von Menschen kostenlos im Internet teilnehmen kann. Und zwar wann und wo Sie wollen. Sie brauchen nur einen Zugang zum Internet über Smartphone, Tablet oder PC.

Im DorfMOOC werden durch Kurzfilme, anregende Aufgaben zum Weiterdenken und vertiefende Materialien sechs Themen so aufbereitet, dass Sie sie alleine oder auch mit einer Gruppe nach Ihren Interessen verfolgen und vertiefen können. „Unser Dorf: Mit anderen Augen sehen" führt z. B. nach Freiensen. Dort hat Pfarrer i. R. Ulf Häbel mit einem Team das „Dorfschmiede"-Projekt umgesetzt. Es ermöglicht den Alten wie den Familien, im Dorf zu bleiben. Die Videos zeigen, wie er an die Sache heranging. Die Aufgaben dazu schicken Sie in Ihren Ort – mit neuen Brillen auf der Nase.

Das Thema „Teilhabe: Wir gestalten mit!" informiert u. a. über die Initiative 55 plus-minus an der Loreley. Sie lernen Monika Johnson-Dahler kennen, Dorfprojektberaterin in Schotten-Götzen im Vogelsberg. Sie hat in dem 300-Seelen-Ort die Initiative ergriffen, das Dorfgemeinschaftshaus vor dem Verkauf gerettet und wiederbelebt. „Wenn es mir gut gehen soll, muss es auch den anderen gut gehen", sagt sie. „Menschen sollen sich an den Entwicklungen in ihrem Ort beteiligen." So befragte sie alle Haushalte im Ort und entwickelte daraus das Programm des DGH.

Spannend ist in diesem Themenbereich aber auch die Frage nach den eigenen fünf Säulen der Identität: Wie stabil ist mein Leben, welche Lebensbereiche sollte ich in Zukunft ausbauen, damit ich beruhigter auf mein Alter blicken kann?

In „Wohnen: Daheim – mit anderen – am Ort" reflektiert Hartmut Wolter von der Freien Altenarbeit Göttingen die persönlichen Fragen rund um das Thema Wohnen-bleiben bis ins hohe Alter. Er nimmt neue bzw. wiederentdeckte gemeinschaftliche Wohnformen und besonders die Nachbarschaft in den Blick. „Welcome und mehr: Flüchtlinge im Dorf" zeigt die Hintergründe der Fluchtbewegungen auf und stellt zwei Initiativen vor. „Wir organisieren uns: Genossenschaft, Verein oder GmbH?" erklärt, welche Organisationsform für welche Initiative sinnvoll ist. „Netzwerken: Facebook, Twitter & Co" gibt eine Einführung in diese Werkzeuge und zeigt die Vorteile der Vernetzung über die sozialen Medien auf.

Wer möchte, findet im DorfMOOC auch eine komplette Anleitung für eine Sozialraumanalyse.

Ziel des DorfMOOCs war und ist, im Kontext der demografischen Veränderungen Bürger und Bürgerinnen Wissen und Werkzeug zur Selbstorganisation in ihrem Sozialraum zu vermitteln. Darüber hinaus soll dieses Bildungsangebot im Sinne evangelischer Erwachsenenbildung dazu beitragen, dass sich die Teilnehmenden mit Lebensfragen (Älterwerden und damit verbundenen Problemlagen rund um Wohnen und Vernetzung) auseinandersetzen und diese in einen gesamtgesellschaftlichen Kontext zu stellen lernen.

Eine Bank vor einem Haus kann alles verändern

Der DorfMOOC wurde in seiner ersten Phase (Herbst 2016) mit der Möglichkeit zum Austausch und der Vernetzung mit anderen sowie Präsenztreffen zur gemeinsamen Weiterarbeit am selbstgewählten Thema „Netzwerken" durchgeführt. Inzwischen steht der Kurs auf unbegrenzte Zeit allen Interessierten zur Verfügung. In den Diskussionsforen können nun keine Einträge mehr gemacht werden, die Lektüre der Beiträge in den Foren trägt jedoch sehr zum eigenen Weiterdenken bei.

Zu den Teilnehmenden gehörten Ortsvorsteher und andere kommunal engagierte Menschen, interessierte Bürger sowie kirchliche Ehrenamtliche und Mitarbeitende. Die Unterschiedlichkeit der Sichtweisen hat den Austausch enorm bereichert. Der DorfMOOC hat sein weitestes Ziel dann erreicht, wenn sich die verschiedenen Akteure vor Ort zusammentun und gemeinsam Perspektiven und Projekte entwickeln.

Auf dem Weg dorthin sind genaues Hinsehen und die kleinen Schritte gefragt.

Zum Beispiel das Aufstellen einer Bank an der richtigen Stelle: „Man trifft sich im Ort ja nur noch auf dem Friedhof!", stellte DorfMOOC-Teilnehmerin Manuela Vollmann empört fest. Ein kleiner Film im DorfMOOC setzte bei ihr einen großen Impuls frei. Sie fand eine Verbündete, nahm eine Bank, die „Baumelbank", und setzt sie nun einmal monatlich auf einen anderen Hof des 600-Seelen-Dorfs Eifa. Am liebsten dort, wo eine alte Bewohnerin sonst wenig Kontakt hat. Dort treffen sich dann alle, die Lust haben und bringen Getränke und Essen mit. Die Sache nahm gewaltig an Fahrt auf. Inzwischen sind alle Generationen im Ort involviert und tragen dazu bei, dass ordentlich geschwätzt werden kann.

So können Sie den DorfMOOC nutzen

Der DorfMOOC steht auf der Plattform „Oncampus" kostenlos zur Verfügung. Sie müssen sich einmalig registrieren, dann können Sie jederzeit an dem Kurs arbeiten. Wir haben darüber hinaus alle Filme mit den wichtigsten Aufgaben auf dem DorfMOOC-YouTube-Kanal eingestellt. Dort können Sie ohne Anmeldung alle Filme nutzen und sogar herunterladen, um sie z. B. Ihrer Gruppe zu zeigen.

Als Kontaktplattform gibt es begleitend zum MOOC die offene Facebook-Gruppe „DorfMOOC", in der wir aktuelle Infos teilen. Hier besteht im Prinzip die Möglichkeit, sich mit Menschen in ganz Deutschland und Österreich zu vernetzen, sich zu beraten und zu unterstützen. Hier wie bei allen Kontakten, die Sie im feinstofflichen Leben haben, liegt es bei Ihnen, diese Möglichkeit zu nutzen und auszubauen. Das Schöne an der Digitalisierung ist, dass man über den Nahbereich hinaus Menschen und Projekte kennenlernen kann, die an denselben Fragen dran sind. Hier und da kommt es dann auch zu vertieften Kontakten und Besuchen.

Wir hoffen, dass Sie die vielfältigen Impulse des Dorf-MOOCs für sich persönlich, in Ihrer Nachbarschaft oder auch in Ihrer Arbeit nutzen und kleine und große Wege entwickeln – für ein lebendiges Miteinander der Generationen on- und offline.

Annegret Zander, Pfarrerin und Fachreferentin in der Fachstelle Zweite Lebenshälfte im Referat Erwachsenenbildung der EKKW. Das Projekt hat sie gemeinsam mit Gunter Böhmer, Zentrum Bildung, EKHN, mit Mitteln des Landes Hessen (Hessencampus 2016) realisiert. 2018 gewann der DorfMOOC den 2. Preis beim Hessischen Demografiepreis.

Mehr dazu unter:

https://unser-dorf-mooc.de

Digitalisierung als Chance für einen neuen Blic

Sebastian Keller

Zu meiner Konfirmation bekam ich eine Sonderausgabe der Junge Gemeindezeitung geschenkt, die eine lustig geschriebene Glosse enthielt, die uns helfen sollte, uns in der Gemeinde zurechtzufinden. Darin enthalten war auch die Erklärung für den *Schaukasten*: Dies käme von dem chinesischen Wort *Tschau kas ten* und bedeute übersetzt: „Zusammenfassung der Ereignisse der letzten 3 Jahre". Als ich die Anfrage bekam, ob ich einen Beitrag zum Thema Digitalisierung und Öffentlichkeitsarbeit schreiben kann, fiel mir diese satirische und selbstkritische Erklärung von damals wieder ein. Mir scheint, dass längst nicht alle Probleme, die uns als Kirche im digitalen Raum ausbremsen, wirklich nur mit der Digitalisierung zusammenhängen. Wenn es darum geht unsere Außenwirkung kreativ, aktuell, originell und ansprechend zu gestalten, treffen wir nicht selten auf ähnliche Schwierigkeiten, wie sie uns auch im analogen Bereich schon lange begleiten. Die Digitalisierung zeigt diese Probleme noch deutlicher auf als je zuvor. Sie ist sicher eine Chance, insgesamt über Öffentlichkeitsarbeit und unsere Außenwirkung als Kirche neu nachzudenken. Dazu mögen auch die folgenden Thesen beitragen:

1. Es geht nicht mal eben nebenbei! Öffentlichkeitsarbeit ist Arbeit. Sie braucht Ressourcen!

Während kommerzielle Anbieter große Schaufenster haben und mit Schauwerbegestaltern einen ganzen Berufszweig beschäftigen, gehen wir in der Regel davon aus, dass dies irgendwie nebenbei laufen muss. Nicht selten endet dies damit, dass dann in Schaukästen etwas vergilbte Blätter mit nicht ganz streifenfrei kopierten Veranstaltungsplänen hängen. Auch im digitalen Bereich ist es eine Frage, wie viel Wert wir auf unsere Außenwirkung legen und wie viele Ressourcen wir dafür einplanen. Hier entscheidet sich, ob auf der Internetseite noch der Vorvorgänger der aktuellen Pfarrerin steht oder ob es verschiedene aktuelle und ansprechende Social-Media-Profile gibt. Hinter guten Online-Auftritten stehen viele kreative Berufe (Fotografinnen, Designer, Webdesignerinnen etc.), deren Vertreter sich in sozialen Netzwerken nicht zu Unrecht darüber beschweren, dass ihre Arbeit nicht genug geachtet wird und sie zu viele Anfragen bekommen, bei denen sie ohne Bezahlung arbeiten sollen. Wann stehen diese kreativen Menschen genauso selbstverständlich in unseren Haushaltsplänen wie Orgelbauer, Restauratorinnen, die wir zur Erhaltung von Kulturgütern brauchen, die unsere Vorfahren einmal mit großem Aufwand geschaffen und mit Blick auf die Außenwirkung der Kirche generiert haben? Damit verbunden ist nicht zuletzt die Frage: Was werden heutige Generationen eigentlich an erhaltenswerter Kunst und Kultur hinterlassen?

2. Ressourcen sollten geplant, aktiviert und bewusst eingesetzt werden.

Ich bewundere, was Pfarrer, Gemeindepädagogen und Ehrenamtliche zum Teil so ganz nebenbei an guten Online-Angeboten produzieren. Dennoch bin ich überzeugt, dass wir an dieser Stelle deutlich mehr Ressourcen einplanen und einsetzen sollten. Man kann nicht gleichzeitig vorne stehen, die Verantwortung für Veranstaltungen tragen und von hinten schöne Fotos und Videos produzieren. In dem Maße, in dem wir bereit sind, Gelder für die entsprechenden Berufsgruppen einzuplanen, wird sicherlich auch deren Bereitschaft wachsen, sich gelegentlich ehrenamtlich einzubringen. Wenn wir endlich aufhören, Öffentlichkeitsarbeit und Außenwirkung unserer Kirchgemeinden als Nebensache zu betrachten, dann können wir anfangen, gezielt Menschen dafür zu gewinnen und Spenden dafür zu sammeln. In fast jedem Kirchenvorstand finden sich ein oder mehrere Bauexperten. Wann bemühen wir uns ebenso um Social-Media-Expertinnen?

uf Öffentlichkeitsarbeit und Außenwirkung

3. Wir müssen lernen, den Blick für neue Zielgruppen nicht zuletzt unter unseren eigenen Kirchengliedern zu öffnen!

Wenn ich hier davon schreibe, dass Öffentlichkeitsarbeit und Außenwirkung mehr Ressourcen brauchen, dann ist mir zugleich auch schmerzlich bewusst, dass wir derzeit Strukturreformen durchlaufen, die uns bedingt durch demographische Entwicklung und Mitgliederschwund dazu zwingen, unsere Angebote mit weniger Ressourcen zu gestalten. Mir ist bewusst, dass es gerade in dieser Zeit schwer ist, für Arbeitsbereiche zu werben, die deutlich mehr Aufmerksamkeit und Investitionen benötigen. Darüber, dass eine gute Öffentlichkeitsarbeit und offensivere missionarische Ausrichtung unserer Kirche helfen kann, dem Mitgliederschwund entgegenzuwirken, ist bereits viel geschrieben worden. Mir erscheint es wichtig, auch darauf hinzuweisen, dass wir in den Strukturdebatten häufig auf unsere traditionellen Angebote und damit auf eine kleine Schar an aktiven Kirchenmitgliedern, auf die *Kerngemeinde* fixiert sind. Eine gute Öffentlichkeitsarbeit sollte diese Fixierung aufbrechen und den Blick auf die ganze Gemeinde und damit viel stärker auch auf die vielen Kirchenglieder, die unsere Angebote finanzieren, aber bislang kaum nutzen, richten.

4. Wir müssen unsere Angebote stärker evaluieren und Ressourcen gezielter einsetzen!

Jedes Jahr machen wir die sogenannte *Statistik 2*, bei der Gottesdienstbesucher, Konfirmandenzahlen etc. abgefragt werden. Interessanterweise spielen hier Zugriffszahlen auf Social-Media-Profile, Zahlen von Followern und Freunden unserer Online-Angebote noch keine Rolle. Leider bleibt die Erhebung der Zahlen in der Regel auch

ohne Konsequenzen. Können wir uns eine Kirche vorstellen, in der wir uns konsequent Ziele stecken, Angebote nach ihrem Erfolg bewerten und wenn nötig auch verändern? Wie wäre es, wenn der Kirchenvorstand eine Krisensitzung einlegen würde, weil die Konfirmandenzahlen hinter den Zahlen der Jugendlichen im Konfirmandenalter in der Gemeinde und im Ortsteil zurückbleiben, wenn die Gemeinde von Twitter auf Instagramm wechselt, weil dort mehr junge Familien zu erreichen sind …

5. Wir sollten den biblischen Wert des Teilens auch für Online-Angebote wiederentdecken! Wir brauchen eine kirchliche Open Source und Creative-Commons-Kultur.

Die biblische Botschaft, dass teilen nicht ärmer, sondern reicher macht, gilt umso mehr für die digitale Welt. Jesus hat im Wunder der Speisung der 5000 gezeigt, wie viel man mit Gottvertrauen und konsequentem Teilen erreichen kann. Dies gilt umso mehr im Online-Bereich! Wo können wir uns gegenseitig helfen, unseren Social-Media-Auftritten größere Reichweite zu verschaffen? Wo können wir einmal erstellte Inhalte, Bilder, Videos, Texte oder sogar Programmcodes noch konsequenter für alle zur Verfügung stellen? Wie wäre es mit einer Internetplattform für christliche Bilder und Videos, die von allen verwendet werden kann? Oder einer kirchlichen Modellagentur, in der sich Menschen ehrenamtlich bereit erklären, für die Kirche ihr Gesicht zu zeigen? Neue Herausforderungen brauchen neue Ideen und vor allem auch neue Formen der Zusammenarbeit und des Teilens!

Sebastian Keller ist Pfarrer in Leipzig-Thonberg und Leiter der Öffentlichkeitsarbeit im Kirchenbezirk Leipzig.

Zwei digitale Anwendungen:
XRCS.de *und* fortbildungsNAVI.de

Christine Ursel

**XRCS.de
So wird das Smartphone
zum heilsamen
Alltagsunterbrecher**

**FortbildungsNAVI –
Die Suchmaschine für
Fortbildungen in Bayern:
Diakonie, Gesundheit,
Kirche und Soziales**

Eine App als Workout **für die Seele bietet die Evangeli-sche Landeskirche Hannovers an – im Rahmen ihres großen Projekts „Zeit für Freiräume 2019".** Die App „XRCS" – sprich »**EXERCISE**« – bietet kostenlos Anregun-gen, mitten im Alltag Gottes Gegenwart zu entdecken, In-spiration zu erleben mit Klosterübungen im Smartphone-Format. Mehrmals am Tag kann man sich inspirieren lassen und innehalten: „Was ist deine Sehnsucht in diesem Moment? Welche Möglichkeiten zum Handeln siehst du? Wie zeigt sich Gott darin? Wo nimmst du seine Präsenz – hier und jetzt – wahr? Wie bringt er deinen Alltag zum Leuchten?"

Funktionen der App XRCS
Man kann zwischen zwei „Achtsamkeits-Einstellungen" wäh-len und den Verlauf der eigenen spirituellen Reise verfolgen. Per Zufall oder zu definierten Uhrzeiten erinnert, kann man individuell die Länge und Intensität der eigenen Übungen bestimmen und inspirierende Worte für den Tag empfangen.

Verschiedene „Programme" stehen zur Auswahl: Modus
Fastenzeit, Modus Exerzitien, Modus und die Möglichkeit zur thematischen Vertiefung bis hin zur Weiterarbeit in profes-sioneller spiritueller Begleitung. Wer mehr wissen will, wird z. B. auf Online-Glaubenskurse verwiesen. Es wird empfoh-len, den spirituellen Prozess zusammen mit Freund*innen, Kolleg*innen oder einer Gruppe zu erleben.

Das Christusmonogramm als App-Icon
Das Icon der App XRCS ist eine moderne Interpretation des jahrtausendalten Christussymbols. „Die Buchstabenkombi-nation aus X und R (die ersten beiden Buchstaben des grie-chischen Wortes ›Christus‹) wird umringt von einem offenen Kreis. Es bedeutet, dass Gott mitten unter uns wohnt. Er kommt uns nah. Seine Liebe ist erfahrbar."

Wie finden Sie die passende Fortbildung für sich selbst oder andere? Wo gibt es vergleichbare Angebote? Wie kann ich mich einfach anmelden?

Um es den Nutzern zu erleichtern, eine für sich passende Fortbildung nicht nur zu suchen, sondern auch zu finden, ha-ben sich Fortbildungsanbieter im Rahmen der bayerischen Diakonie und Kirche zusammengetan und eine eigene, für die Nutzenden kostenfreie Plattform im Internet entwickelt. Unter www.fortbildungsnavi.de sind seit Oktober 2018 die Fortbildungs- und Beratungsangebote **verschiedener An-bieter** zusammengestellt, die auch mit mobilen Endgeräten genutzt werden können.

Vergleichbar mit Hotel-Buchungs-Plattformen kann mit **diversen Filtermöglichkeiten** schnell und einfach nach verschiedenen Kriterien gesucht und das Angebot sor-tiert werden: nach Anbieter, nach Zeitraum, nach Umkreis, nach Themenfeld, nach Titel, nach Inhalt, nach Schlagwort, nach Referent oder Referentin, nach Tagungsort … Vom je-weils angezeigten Ergebnis werden die Nutzer direkt auf die eigene Homepage des Anbieters weitergeleitet, wo sie sich dann direkt online anmelden können. Momentan können so die Fortbildungen von momentan acht verschiedenen An-bietern gleichzeitig gesichtet werden – es kommen nach und nach noch weitere Anbieter dazu. Je mehr Fortbildungsein-richtungen und -institute sich beteiligen, umso attraktiver wird die Plattform.

Der einprägsame **Name „FortbildungsNAVI"** lässt gleich Bilder vom konkreten Nutzen entstehen …

Christine Ursel ist Fortbildungsreferentin beim Diakonischen Werk Bayern – Diakonie. Kolleg und Mitglied der Redaktion der PGP.

Mehr Infos:

https://xrcs.de   https://www.fortbildungsnavi.de

Wie vernetzt ist eine Kirchengemeinde? Dieser Band versammelt am Fallbeispiel einer evangelischen Kirchengemeinde empirische Analysen zu den inneren und äußeren Beziehungen ihrer Kirchenmitglieder. Wer kommt mit welchem Angebot in Kontakt? Wer spricht mit wem über den Sinn des Lebens? Persönliche Beziehungen, religiöse Kommunikation, Geselligkeit und zivilgesellschaftliche Beteiligung der Kirchenmitglieder werden untersucht.
Die zugrundeliegenden Daten wurden im Rahmen der V. Kirchenmitgliedschaftsuntersuchung der EKD erhoben und werden in diesem Band mit den Methoden der Netzwerkforschung ausgewertet. Die Netzwerkanalyse bietet detaillierte Einsichten in kirchengemeindliche Strukturen und die Rolle von Akteuren (z. B. Ehrenamtliche) auf der Mikro-Ebene von persönlichen Interaktionen. In dieser neuartigen relationalen Perspektive kommt Kirche als Netzwerk von Beziehungen und Kontaktgelegenheiten in den Blick.

Gebete und Gottesdienste sind ein Herzstück der Ökumene. Oft wird berichtet, dass hier eine Einheit erfahrbar ist, die in Dialogen gesucht wird. Zugleich gilt das Feld als eines der schwierigsten: Die fehlende Abendmahlsgemeinschaft führt die Trennungen sichtbar vor Augen; verschiedene Vorstellungen prallen aufeinander und sorgen für Konflikte. Gottesdienst ist sowohl eine Quelle der Einheit als auch Ausdruck der Trennung und Grund zur Spaltung. Wie sich die Diskussionen rund um den Gottesdienst sowie die liturgische Praxis in der Ökumenischen Bewegung verändern und wie sich hierbei jeweils das Verhältnis von Kirchen- und Gottesdienstgemeinschaft gestaltet, ist Thema dieses Buches. Analysiert werden hierfür Gottesdienste aus der Geschichte und Vorgeschichte des Ökumenischen Rates der Kirchen (1910–1998).

Felix Roleder | Birgit Weyel
Vernetzte Kirchengemeinde
Analysen zur Netzwerkerhebung der V. Kirchenmitgliedschaftsuntersuchung der EKD

256 Seiten | 15,5 x 23 cm | zahlr. farb. Abb.
Paperback
ISBN 978-3-374-05931-7   68,00 EUR [D]

Hanne Lamparter
Gebet und Gottesdienst
Praxis und Diskurs in der Geschichte des Ökumenischen Rates der Kirchen

616 Seiten | 15,5 x 23 cm
Paperback
ISBN 978-3-374-05915-7   68,00 EUR [D]

EVANGELISCHE VERLAGSANSTALT
Leipzig   www.eva-leipzig.de   facebook.com/eva.leipzig

Bestelltelefon 03 41 / 7 11 41 16 | Fax 03 41 / 7 11 41 50 | shop@eva-leipzig.de

Ins Netz gehen

Ein Plädoyer für digitales Einbringen

Tobias Petzoldt

„Und sogleich verließen sie ihre Netze und folgten ihm nach" (Mk 1,18)

Möglicherweise verstehen viele in der Kirche Agierende diesen Text allzu aktuell und obendrein wörtlich und halten darum Distanz zu virtuellen Netzwerken und digitalem Engagement. Nur so lässt sich erklären, warum die Internetpräsentationen mancher Gemeinden eher stiefmütterlich betreut werden, dass bei vielen kirchlichen Mitarbeitenden große Furcht vor sozialen Netzwerken wahrnehmbar ist und dass das Netznutzungsverhalten junger Menschen mitunter fast apokalyptisch-bedrohlich gesehen wird. Vielleicht steckt dahinter auch eine tiefere, branchenspezifische Haltung, schließlich ist *Gemeinde* traditionell ein Ort analoger Begegnung; sitzend im Stuhlkreis, singend auf Chorpodesten oder lauschend vorm Lesepult. Doch kann es auch eine *virtuelle* Gemeinde geben und bietet das Internet nicht viel mehr Möglichkeiten als nur die Weitergabe von Kontaktdaten und Veranstaltungsinformationen?

Ambivalentes Nutzungsverhalten

Viele Hauptberufliche stehen einer aktiven digitalen Mediennutzung aus unterschiedlichen Gründen eher zurückhaltend gegenüber, andere Mitarbeitende wiederum posten exzessiv für eine unterschiedlich interessierte Umwelt. Während das öffentlich sichtbare Engagement Hauptberuflicher in sozialen Netzwerken auf mäßigem Niveau stagniert, hat die Nutzung von Messengerdiensten wie WhatsApp, Threema, Signal oder Telegram im kirchlichen Alltag insgesamt erheblich zugenommen. Dadurch hat sich auch in den Gemeinden das schriftliche Kommunikationsverhalten verändert. Während Briefe zunächst von E-Mails abgelöst wurden, kommunizieren heute die meisten selbstorganisierten Gemeindegruppen wie Hauskreise oder Junge Gemeinden zumeist in Gruppenchats. Dies macht Smartphoneverweigerern die Teilhabe schwer und lässt immer wieder, oft diffuse, datenschutzrechtliche Bedenken laut werden.

Gemeindepädagogische Relevanz

Bei allen Einwänden gegen die Nutzung Neuer Medien: Die *digitale Revolution* beeinflusst das Kommunikations-, Präsenstations- und Sozialisationsverhalten unserer Zeit und unserer Zielgruppen erheblich. Dabei schenkt sie uns neue Möglichkeiten in der viel beschriebenen Kommunikation des Evangeliums. Nachfolgend werden drei Aspekte benannt, die für gemeindepädagogisches Handeln relevant sein können:

1. Ästhetik aktualisieren

Instagram, Facebook, Youtube, Snapchat usw. geben bei weitem nicht nur verbale Informationen weiter, sondern sind für viele Nutzer Präsentationsmöglichkeiten ihres aktuellen (Lebens-)Gefühls. Oft werden sehr private Bilder und Videoclips erstellt oder geteilt. Beim Nutzen von Messengerdiensten gehört es zum Standard, dass verbale Botschaften mit Emoticons (Gefühlssymbolen) ergänzt werden. Diese sogenannte *Ikonische Wende* (iconic turn), also das Teilen visueller Eindrücke, wird durch die Nutzung von einfach zu handhabenden digitalen Bildbearbeitungsprogrammen und Fotofilterdiensten verstärkt. Dies hat auch Auswirkungen auf das ästhetische Empfinden junger Menschen.

Gerade die freie christliche Szene hat in den letzten Jahren durch eine spezifische Bildsprache, verbunden mit passenden Schriftarten neue Maßstäbe in der Einladungs- und Glaubenspräsentationskultur gesetzt. Wer so als junger Mensch ästhetisch die Posts von Trendsettern wie *International Christian Fellowship* (ICF) oder *Gebetshaus Augsburg* gewohnt ist, wird möglicherweise einem schlecht kopierten Flyer mit verpixeltem Bild und Comic-Sans-Schriftart aus dem ökologisch vorbildlich auf *Entwurf* eingestellten Gemeindekopierer entweder auf dem unübersichtlichen Präsentationstischchen im Gemeindehausflur links liegen lassen oder ihn, im unwahrscheinlichen Fall, als neuen Retrotrend würdigen. Dafür, dass eine Einladung auch durch ihre Ästhetik als subjektiv relevant wahrgenommen wird, bedarf es also Kompetenz und Leidenschaft.

2. Content kreieren

Wenn gerade junge Menschen nach eigener Einschätzung täglich 214 Minuten online sind (JIM-Studie, 2018), bietet diese Zeit Möglichkeiten der Begegnung mit Themen und Menschen des Glaubens und der Gemeinde. Digitales Einbringen Hauptberuflicher muss sich nicht auf (hoffentlich) aktuelle Veranstaltungsinformationen begrenzen. Vielmehr bieten uns z. B. Soziale Netzwerke wunderbare Möglichkeiten, uns und unser Glaubensbekenntnis einzubringen und in die Welt zu tragen. Das Betrachten und Verfolgen von Freunden und Verbundenen ist ein wesentlicher Aspekt der Nutzung sozialer Netzwerke und trägt zu Meinungs- und Identitätsbildung bei: „Das Hauptmotiv für die Nutzer von Instagram besteht (…) darin, am per Foto und Video dokumentierten Alltag von Personen aus dem persönlichen Umfeld teilzuhaben: 82 % folgen häufig Leuten, die sie persönlich kennen." (JIM-Studie, 2018)

Gerade in einer Zeit, in der das Kirchen-Bashing, gleich von welcher Seite, – von „zu lau" bis „fundamentalistisch", in jedem Fall „nicht zeitgemäß" – erheblich im Trend ist, ist es darum gut, auch andere Sichtweisen auf Gott, Glaube und Kirche auf die digitale Spielwiese zu bringen. Dazu können eigene Beiträge in sozialen Netzwerken ebenso dienen wie Kommentare in Diskussionsprozessen. Übrigens gehört zur Informationskultur auch das Einbringen von Fachwissen. Die Online-Enzyklopädie *Wikipedia* bietet Möglichkeiten, diese aktiv zu gestalten.

3. Analoges anbieten

Alles Digitale stößt an Grenzen. Trotz vermeintlich lebens- und zeitechter Animationen in Onlinegames und Videokommunikation, fehlt das ganzheitlich Sinnliche: Das Draußensein mit anderen, das kreative Anwenden von Gesprächs-, Ausdrucks- und sonstigen Methoden mit allen Sinnen und echten Menschen sowie die haptische Begegnung mit Gleichgesinnten im Jugendkeller, inklusive Begrüßungsumarmung, Pfarrhausgeruch und Früchteteegeschmack. Und natürlich gehört das gemeinsame geistliche Erleben durch Singen und Beten, im Reden und Tun zum traditionellen Markenkern einer Kirchengemeinde. Dies aber bekannt zu machen, darüber hinaus Themen zu setzen und *„Kundenbindung und akquise"* zu betreiben, dazu helfen digitale Möglichkeiten.

Zum guten Schluss:

Gewiss, digitales Engagement beansprucht Zeit und ja, manchmal ärgert man sich auch. Doch wäre es bei allen auch berechtigten Vorbehalten nahezu töricht, wenn Christinnen und Christen die sich bietenden Chancen zur Erreichbarkeit junger und mittelalter Zielgruppen nicht nutzen würden. Die Gruppe der *digital Natives*, also die mit dem Internet Aufgewachsenen, tummelt sich in der Mehrzahl auch ohne unsere Präsenz in digitalen Welten. Was gäbe es dann also Besseres, als den Menschen die frohe Botschaft im wahrsten Sinn per Endgerät in die Hand zu geben? Im Evangelium heißt es frei übertragen dazu: „Und als sie das taten, fingen sie eine große Menge Fische und ihre Netze waren überlastet" (Lk 5,6). Das wäre doch ein gutes Ziel.

Diakon Tobias Petzoldt ist Dozent für Bildungsarbeit mit Jugendlichen und Leiter des Instituts für Berufsbegleitende Studien an der Evangelischen Hochschule Moritzburg.

Social Media

als (An-)Teil der Lebenswelt
und Herausforderung für die Kirche

Jens Palkowitsch-Kühl

Die Welt ist im – digitalen – Wandel; das Recht auf Vergessen eingeklagt und der Besitz von Smartphones und einem Internetzugang längst nicht mehr das Privileg einiger weniger. Kinder und Jugendliche wachsen in einer Welt auf, in der digitale Kommunikation nicht mehr (nur) ein Grundbedürfnis, sondern eine Grundvoraussetzung ist. Der Mensch geht nicht mehr online, er ist online – permanent. Laut Jugend, Information, Medien-Studie 2018 sind 97 % der 12–19-Jährigen im Besitz eines Smartphones[1], 91 % nutzen täglich das Internet[2], und YouTube (63 %) ist neben WhatsApp (39 %) und Instagram (30 %) das liebste Internetangebot.[3] Diese quantitativ lebensweltliche Verortung ist einer der Gründe, weshalb Social Media keinesfalls in der (religiösen) Bildungsarbeit mit Kindern und Jugendlichen vernachlässigt werden darf. Denn es sind die Kanäle, über die sie kommunizieren in einer Sprache, die sie sprechen.

Was aber machen die Social Media so besonders? Anders als bei statischen Websites stellt *user generated content* ein zentrales Element dar: ein Wandel vom passiv Konsumierenden zum aktiv Produzierenden. Die Interaktion der Nutzenden steht im Vordergrund. Instagram, Snapchat, WhatsApp und YouTube scheinen das wiederzugeben, was Heranwachsende unbedingt angeht. Sie teilen ihre Träume, Ängste, Freuden und Schmerzen in Form von Bildern und kurzen Videos, liken Interessen und schließen Freundschaften.

■ Sie suchen nach sich selbst („Wer bin ich?")
■ Sie knüpfen Kontakte und gestalten ihr Netzwerk („Wer ist mir wichtig?")
■ Sie informieren sich im Netz („Was ist wichtig?")[4]

Unterschiedliche Social-Media-Formate für unterschiedliche Zielgruppen

Es sind nicht nur Jugendliche, die sich auf den Weg ins Netz begeben: Laut ARD/ZDF-Onlinestudie[5] nutzen knapp vier von fünf Personen ab 14 Jahren täglich das Internet. Nicht unerheblich ist dabei, dass in der Altersgruppe über 60 Jahren jeder zweite tagtäglich im Netz unterwegs ist.[6] Für das Wachstum der Offliner zu Onlinern sind hauptsächlich die *Silver Surfer* (Internetnutzer ab 50 Jahren) verantwortlich; diese erschließen immer mehr digitale Räume.[7] (Abb. 1)

Facebook ist einer der Räume, in dem ein demografischer Wandel vollzogen wird, der sich darin zeigt, dass dieser von Jugendlichen (15 % 2017; 5 % 2018)[8] kaum noch aufgesucht wird, sich aber in der Kommunikation der früheren Generationen teilweise etabliert hat.[9] Daher ist eine differenzierte und kontinuierliche Wahrnehmung der Sozialen Medien (siehe Abb. 1) notwendig, um spezifische Zielgruppen online aufzufinden.

Wo finde ich die #digitaleKirche?

Die Frage, die sich in Anbetracht der digital erweiterten Lebenswelt aufzudrängen scheint, ist, inwiefern Kirche sich diesen neuen Räumen annähern kann oder sollte. Kann sich Kirche als die „Versammlung aller Gläubigen […], bei denen das Evangelium rein gepredigt und die heiligen Sakramente laut dem Evangelium gereicht werden" (CA Art. VII), nicht auch digital vernetzen? Erste hybride Formate wie Twitter-Gottesdienste versuchen eine Vernetzung des physischen und digitalen Kirchenraums.[10] Doch kann ein digitaler Gottesdienst den Anspruch einer *Kirche* Genüge tun?

■ Welche Kommunikationsmittel (Tanz, Bild, Ritus, Schrift, Predigt) sind für die Gottesverehrung zugelassen und welche nicht?
■ Mit welchen Kommunikationsmitteln ist die Treue zum Ursprung (Ritus oder Schrift oder Lebensnachahmung) zu sichern?
■ Mit welchen Kommunikationsmitteln ist die religiöse Verbundenheit untereinander, also zwischen den *Gläubigen*, zu gewährleisten?
■ Mit welchen Kommunikationsmitteln sind die religiösen Heilswahrheiten auszulegen, die Heilsmittel zu spenden und zu verkündigen?[11]

Darüber hinaus ist die Frage zu stellen, inwiefern diese neuen Formen nicht auch Gemeindeglieder ausschließen.

Medien vermitteln ein Bild von Religion

Mit und in digitaler Kommunikation werden Lebenswelten gestaltet, indem Meinungen abgeglichen werden, das Selbst immer wieder neu betrachtet wird (Selfie) und ähnlich Denkende gesucht werden. Religion ist hierbei ein Thema, welches zum einen praktiziert wird (XRCS-

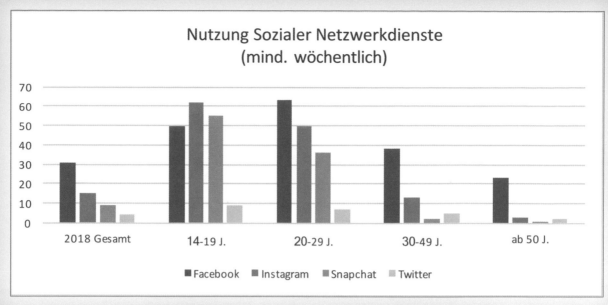

Abb. 1: Basis: Deutschspr. Bevölkerung ab 14 Jahren (n=2009), ARD/ZDF-Onlinestudie 2018.

APP)[12], aber auch im Sinne des Synkretismus sich neu aus Elementen anderer Weltanschauungen zusammenfügt. Pirner beschreibt, dass Mediensozialisation auch immer zum Teil religiöse Sozialisation ist.[13] In Sozialen Medien können Menschen Anteil an religiöser Kommunikation und religiöser Praxis nehmen und mit eigenen Vorstellungen abgleichen. Die Frage ist, welches Bild möchte die Kirchengemeinde (von sich) in Social Media gestalten? Möchte Kirche ein Teil der Sozialisation in digitalen Kommunikationsmedien werden?

Die Tücken der Social Media

Die Effizienz, Omnipräsenz und Schnelllebigkeit sind Kennzeichen digitaler Kommunikation. Plötzlich sieht man nur noch die Menschen digital, die ähnlich *ticken* (Echokammer). Auf eine Nachricht nicht gleich zu antworten, obgleich man sie gelesen hat, sorgt schnell beim Gegenüber für Unbehagen: „Hält er meine Nachricht nicht für wichtig?" Es stellt sich eine Gratwanderung zwischen Kontrolle und Freiheit ein, wenn der Nachrichtenempfang minutiös zurückverfolgt werden kann, der Standort geteilt und das Online-Sein transparent angezeigt wird.

Insbesondere im professionellen pädagogischen Handeln spielen Nähe und Distanz eine gewichtige Rolle: Über die Statusmitteilungen, die Instagram-Posts und die Tweets kann eingesehen werden, was die *eigenen* Jugendlichen bewegt: ihre Freuden, Erfolge, Nöte und Sorgen. Man erfährt Jugendliche authentisch – aber ist das digitale Bild dabei nicht nur ein Fragment oder gar ein (bewusst) konstruiertes Bild? Inwiefern (be)nutzt man die bereitgestellten Informationen? Selbst ist man auch dabei und muss lernen, was man von sich preisgibt – denn davon lebt Social Media – vom Teilen, Veröffentlichen und Liken, von Meinungen und Gefühlen, von Selbstdarstellung und Fremdreputation.

Muss Kirche eine neue Sprache lernen?

Es scheint oftmals wie eine eigene Sprache, was dort gesprochen wird: Emojis sind die Buchstaben und Fotos erzählte Geschichten. Digitale Kommunikationstrends wirken sich direkt auf die Alltagskommunikation und das Alltagsverhalten aus, wie am Beispiel des Selfie[14] wahrgenommen werden kann. Neue Sprachstile und Rituale werden gefunden. Der morgendliche Griff auf den Nachttisch, auf dem das Smartphone die Nacht über geladen wurde – ein Wischen – und man sieht, was heute schon alles passiert ist. Inwiefern kann sich Kirche hier wiederfinden und Teil des (religiösen) Alltags werden? Die Bibel aus Emojis, aufbauende Morgengebete via Instagram oder Stories aus der Gemeinde via Snapchat teilen?

Meine Daten gehören mir?!

Nicht zuletzt stellt sich die Frage nach dem rechtlichen Umgang, der informationellen Selbstbestimmung. Das Recht auf das eigene Bild etwa, nach dem kein Foto eines Jugendlichen ohne Einverständnis veröffentlicht werden darf.[15] Kommunikation über Social Media findet immer international statt und wird meistens auf nordamerikanischen Servern gespeichert. Etwa die Kontaktliste des Smartphones, die sich mit den WhatsApp-Servern abgleicht, das Bild, welches via Twitter *privat* geteilt wird und das Gespräch auf Snapchat. Die Datenschutzgrundverordnung (DSGVO) hat diese Rechte wieder mehr ins Bewusstsein gerufen und im Vorfeld jeglicher Tätigkeiten mit Social Media ist eine Vereinbarung bzgl. der Nutzung personenbezogener Daten zu treffen.

Die Kirche als Kirche bei den Menschen

Es ist eine Gratwanderung, der Einsatz von Social Media in der kirchlich-pädagogischen Bildungsarbeit. Einerseits ist es durchaus sinnvoll „dem Volk aufs ➔

Maul zu schauen", andererseits ist es wichtig, sensibel mit persönlichen Daten umzugehen.

Kulturelle Veränderungsprozesse haben Kirche schon immer geprägt (z. B. Buchdruck) und werden dies auch weiterhin tun. Es kommt nun darauf an, eine gemeinsame Strategie mit den Mitgliedern zu entwickeln und individuell Vereinbarungen bezüglich der Social-Media-Kommunikation zu treffen.[16] „Social Media [...] können Kommunikationsformate und -räume für das Evangelium sein"[17], so Sendler-Koschel. Es ist kaum eine Frage des *Ob* – sondern vielmehr des *Wie*.

Tipps zum Weiterlesen:

Büsch, Andreas, Social Media und Schule?!, in: RU heute (2014) 2, 5–11.

Harden, Lars/Heidenreich, Anna/Carstensen, Lisa, Sinn und Unsinn von Social Media im Feld von Kirchen, in: Nord, Ilona/Luthe, Swantje (Hg.), Social Media, christliche Religiosität und Kirche, Jena 2014, 375–396.

Palkowitsch, Jens, Social Media als Thema des Religionsunterrichts. Entwicklung einer Unterrichtsreihe und ihre Reflexion, in: Nord, Ilona/Luthe, Swantje (Hg.), Social Media, christliche Religiosität und Kirche Studien zur Praktischen Theologie mit religionspädagogischem Schwerpunkt, Jena 2014, 247–272.

Pelzer, Jürgen/Schaubelt Christian, Gott ist online – Praxishandbuch Internet und Social Media für Kirche, Münster 2017.

Anmerkungen

1 JIM 2018, 8.

2 JIM 2018, 13.

3 JIM 2018, 35.

4 Vgl. Schmidt, Jan.-Hinrik/Paus-Hasebrink, Ingrid/Hasebrink, Uwe (Hg.), 2011, Heranwachsen mit dem Social Web. Zur Rolle von Web 2.0-Angeboten im Alltag von Jugendlichen und jungen Erwachsenen. Berlin, 2. Aufl., S. 27.

5 ARD/ZDF Onlinestudie 2018, abrufbar unter: <http://www.ard-zdf-onlinestudie.de/onlinenutzung/entwicklung-der-onlinenutzung>

6 ARD/ZDF Onlinestudie 2018, abrufbar unter: <http://www.ard-zdf-onlinestudie.de/onlinenutzung/internetnutzer/in-prozent>

7 Viele Menschen über 50er haben diese aber auch „erbaut".

8 JIM 2018, 35

9 Für den Konzern ist das kein Problem, gehören Instagram und WhatsApp doch zu ihm und sollen zukünftig miteinander vernetzt werden.

10 Vgl. Pelzer, Jürgen, 2013, Neue Medien und soziale Netzwerke, In: Gebhard Fürst (Hg.): Katholisches Medienhandbuch. Fakten – Praxis – Perspektiven, S. 227–223 und den sublan Gottesdienst: <https://sublan.tv>

11 Ebertz, Michael, 2013, Religion, Kommunikation und Medien, in: Gebhard Fürst (Hg.): Katholisches Medienhandbuch. Fakten – Praxis – Perspektiven, Kevelaer, S. 35–45.

12 Die XRCS-APP als „heilsame Alltagsunterbrechung", unter: <https://xrcs.de>

13 Vgl. Pirner, Manfred, 2013, Medienbildung im ev. Religionsunterricht, in: In: Kropac, Ulrich/Langenhorst, Georg (Hrsg.): Religionsunterricht und der Bildungsauftrag der öffentlichen Schule. Begründung und Perspektiven des Schulfaches Religionslehre. Babenhausen 2012, 279–295, hier: 290.

14 Gojny, Tanja/Kürzinger, Kathrin S./ Schwarz, Susanne (Hg.), 2016, Selfie – I like it. Anthropologische und ethische Implikationen digitaler Selbstinszenierung. Stuttgart.

15 <https://www.urheberrecht.de/recht-am-eigenen-bild>

16 Siehe <https://neumedier.de/DigitaleKommunikation_NEUMEdIERde.pdf>

17 Sendler-Koschel, Birgit, in: Kommunikation mit Wort und Raum: Bibelorientierte Kirchenpädagogik in einer pluralen Kirche und Gesellschaft, Göttingen 2016, 206.

Jens Palkowitsch-Kühl ist wissenschaftlicher Mitarbeiter am Institut für Evangelische Theologie und Religionspädagogik der Julius-Maximilians-Universität Würzburg.

Kostenlose Software für die Öffentlichkeitsarbeit

Martin Hochmuth

Scribus

ist ein Seitenlayoutprogramm, das die flexible Gestaltung von Dokumenten mit freier Platzierung von Text und Bildern in Rahmen ermöglicht. Dabei können Musterseiten und Ebenen erstellt werden. Scribus ist die Alternative zu Adobe InDesign.

Inkscape

ist eine freie Softwarealternative zu Adobe Illustrator für die Bearbeitung und Erstellung zweidimensionaler Vektorgrafiken. Das Programm eignet sich zum Erstellen einseitiger Dokumente wie Logos, Vektorkunst, technischen Diagrammen, Landkarten, Stadtplänen, Flugblättern, CDMotiven, Postern, Schriftzügen, Comics usw.

GIMP

ist ein pixelbasiertes Grafikprogramm und die freie Alternative für Adobe Photoshop mit Funktionen zur Bildbearbeitung und zum digitalen Malen von Rastergrafiken.

IrfanView

ist ein freies Programm zur Betrachtung von Bildern. Ebenfalls kann man Bilder auch rudimentär bearbeiten. Bearbeitung von Bildern unterschiedlicher Formate für die Betriebssystemplattform Microsoft Windows.

Rawtherapee

ist ein RAW-Konverter zur Umwandlung und Bearbeitung von fotografischen Rohdaten von Digitalkameras in gängige Bildformate. Rawtherapee ist eine digitale Dunkelkammer und Fotoverwaltungsprogramm. Es ist die freie Alternative zu Adobe Lightroom. Eine weitere freie Alternative ist Darktable oder Lightzone.

Synfig Studio

ist ein quelloffenes Animationsprogramm. Es ist die freie Alternative zu Adobe Animate.

Audacitiy

ist ein freier Audioeditor und -rekorder bzw. eine Digital Audio Workstation. Auf beliebig vielen Spuren können Audiodateien gemischt und bearbeitet werden. Es ist die freie Alternative für Adobe Audition.

LibreOffice

ist eine freie Bürosoftware. Es kann als Alternative für das Office-Paket von Microsoft angesehen werden. Zu LibreOffice gehören das Programm „Writer" für Textverarbeitung, „Calc" für Tabellenkalkulation, „Impress" für Präsentation und „Draw" für einfache Zeichnungen. Ebefalls gehört das Datenbankprogramm „Base" und der Formeleditor „Math" zum Paket.

Natron

ist eine Compositing Anwendung und damit die Alternative für Adobe After-Effects. Das Programm eignet sich dazu Filme mit visuellen Effekten zu versehen.

Linux Mint

ist ein freies Betriebssystem als Alternative für Microsoft Windows oder MacOS. Es ist gut für den Umstieg von Windows auf Linux geeignet.

Martin Hochmuth ist Mitarbeiter der Öffentlichkeitsarbeit im Kirchenbezirk Leipzig.

Medienkompetenz und Teilhabe in einer Partizipationsgesellschaft

Detlev G. Theobald

Digitale Endgeräte wie bspw. Smartphones und Tablets, digitale Anwendungen wie Clouds, soziale elektronische Netzwerke (z.B. Facebook, Instagram, etc.), Apps zur Selbstoptimierung etc. prägen heute den Lebensalltag der meisten Jugendlichen, nicht nur in der Freizeit, sondern auch in der Arbeits-, Lern- und Bildungszeit. Der Unterschied zwischen Privatsphäre und öffentlichem Raum schwindet in zunehmenden Maße, löst sich sogar völlig auf. Mediale Kommunikation mache unendlich verfügbar und die körperliche Grundlage des Personalen werde entprivatisiert. Mit dieser provokanten These beginnt Hannelore Bublitz ihr Buch: Im Beichtstuhl der Medien (Bublitz 2010, S. 13). Was bedeuten diese eher düsteren Beschreibungen für die Arbeit in unseren Gemeinden?

Bevor ich diese Frage versuche zu beantworten, bringe ich noch einen weiteren wesentlichen Aspekt zur Sprache, der in diesem Rahmen erörtert werden muss. Denn die auf der Kommunikation an sich basierenden Kompetenzen müssen in diesem Zusammenhang besonders beachtet werden, wenn Medienkompetenz vermittelt werden soll. Dies ergibt sich m. E. schon aus der lateinischen Wortbedeutung: „Communicare" wird gewöhnlich übersetzt mit „teilen", „teilnehmen lassen" bzw. auch „mitteilen". Derart determiniert, bedeutet kommunikative Kompetenz, dass dem Individuum durch den Erwerb dieser Fähigkeit Teilhabe an einer Gesellschaft erst möglich wird. Die so verstandene gesellschaftliche Teilhabe kann nach Dieter Baacke mit den „Dimensionen der Medienkompetenz" erlangt werden. Der (medien-)kompetente Mensch müsse demnach durch eine teilhabeorientierte Medienpädagogik in die Lage versetzt werden, sich den kompetenten Umgang mit Medien überhaupt erschließen zu können. Eine solche Medienkompetenz umfasst nach Dieter Baacke die Kompetenzbereiche der Medienkritik, Medienkunde, Mediennutzung und Mediengestaltung (vgl. Medienkompetenz; Portal NRW).

So verstanden hieße dies für gemeindepädagogische Prozesse, dass die Akteure der Gemeindearbeit dabei verstärkt Unterstützung anbieten, Medien kompetent nutzen zu können. Mit diesem Support werden Individuen befähigt, an Kommunikations- und Gestaltungsprozessen teilhaben zu können. Besonders interessant für die Gemeindearbeit sind dabei empirische Untersuchungen zum milieuspezifischen und lebensweltorientierten Umgang mit Medien (vgl. beispielsweise Ralf Biermann in *Medien Impulse*).

Ralf Biermann spricht in diesem Kontext vom „medialen Habitus". Er arbeitet anhand verschiedener empirischer Untersuchungen heraus, dass Medienkompetenz aufgrund soziokultureller Unterschiede und verschiedener Medienerziehungsstile

in Familien eben nach Milieus differenziert erworben wird. Hier beschreibt Ralf Biermann m. E. sehr plastisch, wie aufgrund der unterschiedlichen Lebenslagen Jugendlicher, die vorgenannten Faktoren den feinen Unterschied - zwischen einerseits tendenziell informations- und kommunikationsgeleitetem Medienumgang und andererseits Zeitvertreib, „Zeit-Totschlagen" bzw. Lustgewinn – im milieuspezifischen Umgang mit Medien machen. Soll nun bei Kindern und Jugendlichen Medienkompetenz gefördert werden, so muss die jeweilige milieuspezifische Lebenswelt und Lebenslage explizit berücksichtigt werden.

Diese Analysen erscheinen insbesondere dann interessant, wenn sich Gemeinden hin zu jenen Milieus öffnen wollen, die traditionell nicht kirchenaffin sind, aber sich sehr wohl – wie nahezu alle Menschen – wieder zunehmend die großen W-Fragen stellen. Der Trend hin zum Spirituellen ist seit Jahren unbestritten auf stabil hohem Niveau. Folgt man z.B. dem „Zukunftsforscher" Matthias Horx, dann gibt es einen zukünftigen Megatrend, der mit dem Begriff Achtsamkeit einhergeht. Horx merkt an: „Menschen sind Bindungswesen. Die technische Zivilisation gaukelt uns jedoch ständig vor, wir könnten Bindung durch Technologie ersetzen." (Horx 2015) Wie ich finde, ein weiteres Plädoyer dafür, sich für den kompetenten und ergänzenden Einsatz von Medien starkzumachen.

So können sich Gemeinden zum Ziel setzen, Teilhabe unterschiedlicher Milieus über das Vermitteln von Medien- und Kommunikationskompetenzen dahingehend zu realisieren, dass Individuen in die Lage versetzt werden, ihre ureigenen Fähigkeiten zur Mitwirkung und Mitgestaltung transformieren zu können. Gerade in Zeiten der Sinnsuche und des Infragestellens etablierter (politischer) Strukturen könnte Gemeindearbeit hier ein stabilisierender Faktor sein. Das christliche Verständnis der Gottebenbildlichkeit des Menschen beinhaltet sowohl die Beziehung der Menschen zu Gott wie auch der Menschen untereinander. Es beinhaltet die Anerkennung der Würde des Einzelnen, der Liebe zu sich Selbst und zum Nächsten sowie das Erkennen des selbst und seiner Abhängigkeit zum jeweils anderen. Demzufolge müssen didaktisch-methodische Konzepte dort ansetzen, wo die lebensweltliche Wirklichkeit der Lernenden verortet ist. Zum Schluss noch zwei Beispiele der konkreten Umsetzung:

1. Für die gemeindepädagogische Praxis könnte dies heißen, dass beim religionspädagogischen Thema der Gerechtigkeit die gewohnten Medien der Jugendlichen zum Einsatz kämen. Nämlich dann, wenn sie zur Entfaltung und Vertiefung des Themas, innerhalb ihres eigenen Umfelds, Umfragen zum Thema Gerechtigkeit initiieren und durchführen. Hier würde das Medium Smartphone – welches ansonsten konsequent im z.B. Schulkontext zu nut-

„Occupy Wall Street" im Zuccotti Park, New York (25. September 2011). Foto: David Shankbone (CC BY 3.0)

zen verboten ist – für kurze Video-Sequenzen, Interviewmitschnitte, bis hin zur Präsentation von Ergebnissen genutzt werden können. So würden ganz spielerisch neue Verwendungsmöglichkeiten des Smartphones erprobt und erfahren, die noch dazu in ihrer ureigenen Lebenswelt zur Anwendung kämen.

2. Als weiteres Beispiel kann das Projekt „be-tolerant.net – multimediales Jugendprojekt für Toleranz und Weltoffenheit" genannt werden. In diesem Projekt wird konkret die Toleranz und Weltoffenheit von Jugendlichen mit Mitteln der Medienpädagogik gefördert, indem sie gemeinsam eine multimediale Internetplattform gestalten, auf welcher sie selbstproduzierte Beiträge (z. B. Audio- und Videobeiträge) veröffentlichen. Neben der handlungsorientierten Medienarbeit erwerben die Jugendlichen ferner in Workshops Wissen rund um andere Kulturen, Religionen, Gesellschaftsgruppen sowie zu Diskriminierung und Toleranz. Das Besondere an diesem Projekt ist, dass

die Redaktionsgruppen selbst heterogen hinsichtlich des Geschlechts, der (sozialen) Herkunft sowie der Religionszugehörigkeit sind.

Literatur

Bublitz, H. (2010): Im Beichtstuhl der Medien. Bielefeld: transcript.

Horx, M.: <https://www.zukunftsinstitut.de/artikel/future-forecast/gibt-es-einen-megatrend-achtsamkeit> (Stand: 04.01.2019)

Theobald, D., Schwendemann, W.: Der Befähigungsansatz als Basis für Bildung, Medienkompetenz und Teilhabe in einer auf Partizipation ausgerichteten Gesellschaft, in: BRU Magazin 61|2014 Wissenschaft und Forschung

Medienkompetenz, Portal NRW: <https://www.medienkompetenzportal-nrw.de/grundlagen/begriffsbcstimmung.html> (Stand: 07.02.2019)

Biermann, Ralf: <https://www.medienimpulse.at/pdf/Medienimpulse_Medienkompetenz_Medienbil dung_Medialer_Habitus_Biermann_20131203.pdf> (Stand: 07.02.2019)

Impulse, Erlebnisverein e.V.: <https://www.impulse-leipzig.de/betolerant>

Detlev G. Theobald ist Gemeindediakon und Religionspädagoge und derzeit in einer weiteren Ausbildung.

Kirchlicher Datenschutz und Soziale Medien

Hinweise des Beauftragten für den Datenschutz der EKD zum Umgang mit Sozialen Medien und Messenger-Diensten

Michael Jacob

Soziale Medien wie Facebook, WhatsApp, Instagram, Twitter und Co. sind Teil unserer Gesellschaft und unserer Kommunikation. Diese Dienste verarbeiten eine Fülle von Daten über ihre Nutzenden. Dazu gehören nicht nur Kunden- und Kontaktdaten, sondern auch die Nachrichteninhalte und die sogenannten Protokoll- und Metadaten. Alle diese Daten können personenbezogene Daten sein, die dem Datenschutz unterliegen. Generell gilt: Die Frage nach dem datenschutzkonformen Einsatz dieser Dienste ist stets vor dem Hintergrund der gesetzlichen Anforderungen, im kirchlichen und diakonischen Bereich insbesondere mit Blick auf das EKD-Datenschutzgesetz (DSG-EKD), zu beantworten.

Was mit diesen Daten genau passiert, kann durch den einzelnen Nutzenden oder eine verantwortliche Stelle kaum nachvollzogen werden. Die undurchsichtigen Strukturen und umfangreichen sowie unverständlichen Nutzungsbedingungen der Dienste führen dazu, dass der einzelne Nutzende die Kontrolle über seine Daten verliert. Dies ist jedoch mit den Grundsätzen des Datenschutzrechts nicht zu vereinen. Es ist gerade elementarer Bestandteil des im Grundgesetz verankerten Persönlichkeitsrechts, dass jede Person über den Umgang mit ihren personenbezogenen Daten bestimmen können muss.

Der Einsatz von sozialen Medien im kirchlichen und diakonischen Bereich sollte immer kritisch geprüft und hinterfragt werden. Es muss zunächst die Frage geklärt werden, ob der Einsatz zur Erledigung der Aufgaben tatsächlich erforderlich ist. Danach ist genau zu überlegen, welche Dienste eingesetzt werden sollen. Denn nicht jeder Dienst ist datenschutzkonform einsetzbar. Es ist immer zu überlegen, welche Daten preisgegeben werden und an wen. Außerdem

ist es dringend geboten, dass die verantwortliche Stelle im Bereich von Kirche und Diakonie auch über andere "Kanäle" erreichbar bleibt und kein Zwang zur Nutzung von sozialen Medien entsteht.

Darüber hinaus muss die verantwortliche Stelle durch weitere geeignete technische und organisatorische Maßnahmen sicherstellen, dass beim Einsatz sozialer Medien und von Messenger-Diensten ein angemessenes Datenschutzniveau gewährleistet ist. Es ist beispielsweise zu empfehlen, Profile unter der Verwendung eines Pseudonyms anzulegen und auf die Privatsphäre-Einstellungen zu achten.

Hinzu kommt: Die meisten Dienste verarbeiten Nutzerdaten in Drittländern, d. h. außerhalb des Geltungsbereichs der Datenschutz-Grundverordnung. Auch im kirchlichen und diakonischen Bereich unterliegt eine Datenverarbeitung in Drittländern gemäß § 10 DSG-EKD besonderen rechtlichen Anforderungen. Die hiermit verbundenen Unsicherheiten können nur durch die Wahl eines Dienstes vermieden werden, der die personenbezogenen Daten ausschließlich in einem Mitgliedsstaat der Europäischen Union sowie den Staaten des Europäischen Wirtschaftsraums Norwegen, Liechtenstein und Island oder der Schweiz verarbeitet.

Vor diesem Hintergrund gibt der Beauftragte für den Datenschutz der EKD (BfD EKD) mit Blick auf den dienstlichen Einsatz allgemeine Hinweise zu einzelnen Messenger-Diensten in seiner Ergänzenden Stellungnahme zum Einsatz von Messenger-Diensten vom 24. Oktober 2018. Diese und weitere Materialen zum Umgang mit Sozialen Medien und Messenger-Diensten sind auf der Homepage des BfD EKD abrufbar <https://datenschutz.ekd.de/infothek>.

Mehr dazu unter:

https://datenschutz.ekd.de/infothek

OKR Michael Jacob ist der Beauftragte für den Datenschutz der Evangelischen Kirche in Deutschland.

Sich in Ostdeutschland als Erwachsener taufen zu lassen, ist recht unkonventionell. Warum es dazu kommt, erläutert dieses Buch. Es beleuchtet bei ›vormals Konfessionslosen‹ lebensgeschichtliche Hintergründe, die ihr Interesse an Religion anbahnten und die letztlich zur Taufe führten. Mittels biographischer Interviews, gesprächslinguistischer und soziologisch-rekonstruktiver Methodik werden Gegenstandsbereiche untersucht, in denen entsprechende Entwicklungen stattfanden. Aus einzelnen Bedeutungsstrukturen und größeren Strukturkomplexen sind mögliche Entwicklungsschritte hin zur Taufe sowie Gründe für sie dargelegt: Konfessionslose Erwachsene lassen sich nicht ohne religiöse Vorerfahrungen taufen. Gegenstand dieser Erfahrungen ist das Zurechtkommen in ungünstigen Lebensumständen. Die Taufe resultiert daher aus einem Ordnungsdenken, mit dem Distanz dazu bewerkstelligt werden soll.

Wie ist die evangelische Kirche in die Gesellschaft eingebettet? Welche Wirkungen erzielt sie mit welchen Aktivitäten? Wie weit reicht ihr Resonanzraum? Welche Rolle spielen Kirchengemeinden, Kirchenkreise und Landeskirchen? Inwieweit gelingt es ihr, Menschen zur Weitergabe des Glaubens zu motivieren und Ehrenamtliche zu gewinnen? Das sind nur einige Fragen, die in diesem Buch des Direktors des Sozialwissenschaftlichen Instituts der EKD im Rückblick auf fast 15 Jahre intensiver kirchensoziologischer Forschung beantwortet werden.

Wilfried Meißner
Erwachsenentaufe im Zeitalter von Konfessionslosigkeit
Eine qualitativ-empirische Untersuchung zu ihrem lebensgeschichtlichen Zustandekommen und ihrer Bedeutung

400 Seiten I 15,5 x 23 cm
Paperback
ISBN 978-3-374-05886-0   98,00 EUR [D]

Gerhard Wegner (Hrsg. vom Sozialwissenschaftlichen Institut der EKD)
Wirksame Kirche
Sozio-theologische Studien

428 Seiten I 12 x 19 cm
Paperback
ISBN 978-3-374-05630-9   30,00 EUR [D]

EVANGELISCHE VERLAGSANSTALT
Leipzig   www.eva-leipzig.de   facebook.com/eva.leipzig

Bestelltelefon 03 41 / 7 11 41 16 I Fax 03 41 / 7 11 41 50 I shop@eva-leipzig.de

Seht her, so sind wir!

Warum es gut ist, wenn jede Gemeinde eine Homepage hat und wie man es auch mit begrenzten Ressourcen schaffen kann

Amet Bick

Bis vor ein paar Jahren präsentierten sich Gemeinden in erster Linie über den Schaukasten und den Gemeindebrief. In den vergangenen Jahren haben sich die Möglichkeiten der Kommunikation erweitert. Zahlreiche Gemeinden haben heute eine eigene Homepage, viele einen Facebook-Account oder sie sind mit dem Konfirmanden-Projekt bei Instagram. Wo es schon kundige und engagierte Haupt- und Ehrenamtliche brauchte, um die herkömmlichen Medien zu füttern, so braucht es nun noch mehr Kompetenzen und vor allem Zeitressourcen.

Lohnende Mehrarbeit

Digitale Kirche bedeutet im Wesentlichen, dass auch Kirche endlich in der digitalen Welt ankommt. Das heißt, Algorithmen, Künstliche Intelligenz, Hate Speech, Big Data und andere Erscheinungsformen der Digitalisierung ethisch und theologisch zu bedenken und kirchliche Positionen in den gesellschaftlichen Diskurs einzutragen. Digitale Kirche bedeutet ebenso, die Möglichkeiten der digitalen Kommunikation auszuloten und dort, wo es sinnvoll und machbar ist, zu nutzen.

„Was denn noch alles?", fragen vielleicht einige. Kaum eine Gemeinde wird sich entscheiden, zugunsten der Homepage den Gemeindebrief sein zu lassen, obwohl das vielleicht irgendwann, wenn alle Gemeindemitglieder routiniert das Internet nutzen, durchaus eine Option sein könnte. Niemand wird den Schaukasten vor der Kirche leer lassen, um stattdessen zweimal am Tag auf Facebook zu posten. Das heißt, digitale Kommunikation macht zusätzliche Arbeit. Und trotzdem kommt man nicht an ihr vorbei, wenn man den Kontakt zu den Menschen nicht verlieren will.

Untersuchungen zeigen immer wieder, dass Menschen sich inzwischen vor allem über Websites und Soziale Medien informieren, das gilt nicht nur für die Jüngeren. Wer eine Adresse, eine Veranstaltung, einen Ansprechpartner sucht, nutzt dafür im Allgemeinen eine digitale Suchmaschine. Nehmen wir einmal an, jemand ist neu in den Ort gezogen, sucht Anschluss an die nächste Kirchengemeinde, will im Chor mitsingen – dann wird sie zuerst vielleicht auf der Website <www.evangelisch.de> die Gemeinde suchen, zu der sie gehört, und findet dort im besten Fall auch gleich den Link zu deren Homepage. Hier klickt sie ein bisschen rum, sucht nach Konzerten, vielleicht nach einem Foto des letzten Auftritts und nach den Gottesdienstzeiten. Im zweiten Schritt, wenn die Internetpräsenz ansprechend und einladend erscheint und die aufgeführten Termine tatsächlich aktuell sind, wird sie vielleicht am Sonntag den Gottesdienst besuchen und sich die Menschen ansehen, die ihn zusammen feiern. Und wenn ihr auch das gefällt, wird sie eventuell den Kantor anrufen, dessen Telefonnummer sie auf der Homepage gefunden hat, und ihn fragen, wann der Chor probt und ob sie mitsingen kann. So dient eine gute Homepage tatsächlich dem Gemeindeaufbau – indem sie einlädt und informiert.

Wir sind inzwischen so daran gewöhnt, uns über das Internet zu informieren, dass die Nichtexistenz einer Kirchengemeinde im Netz einen schlechten Eindruck hinterlässt und manche vermutlich schon vorab entmutigt, überhaupt Kontakt aufzunehmen. Daher sollte jede Gemeinde im Internet präsent sein. Und das gängigste und grundlegende Medium ist hier die gut geführte Homepage. Es bedeutet Arbeit, man muss ein wenig Geld in die Hand nehmen und vor allem Engagierte finden, die Zeit investieren. Aber zu groß sind die Vorteile, die sich dadurch bieten, als dass man darauf verzichten könnte. Gemeindebüros sind nur wenige Stunden in der Woche besetzt, aber über die Homepage sind Informationen zu jeder Tages- und Nachtzeit abrufbar. Schon kurz nach dem Jubiläumsgottesdienst kann man die Fotos und die Predigt, die allen so gut gefiel, ins Netz stellen und so die Freude an der gemeinsamen Veranstaltung noch verlängern und teilen. Man kann Kontakt zu Menschen bekommen, die sich nicht über die Schwelle einer Kirche oder eines Gemeindehauses wagen, sich aber trotzdem dafür interessieren. Und dann vielleicht doch irgendwann mal die Scheu verlieren und einfach vorbeikommen.

Auch wenige Ressourcen reichen für eine gute Homepage

Die Hürden, wie man zu seiner Homepage kommt und sie pflegt, müssen gar nicht so hoch sein und es kann auch mit überschaubaren Ressourcen gelingen. So gibt es Software, mit der man sich eine Homepage selbst bauen kann. Besser ist es natürlich, wenn man auf bereits vorhandene Kompetenzen zurückgreifen kann. Vielleicht gibt es jemanden in der Gemeinde, der es kann und Spaß daran hat. Für eine überschaubare Summe kann man auch jemanden beauftragen. Einige Landeskirchen bieten Systeme an, mit denen Gemeinden sich ihre eigene Homepage bauen können, und unterstützen mit Rat und Tat. Die Öffentlichkeitsarbeit der Landeskirchen berät übrigens auch zu rechtlichen Fragen, Datenschutz, Corporate Design oder Content (= Inhalt), und hilft beim Start.

Bevor man loslegt, ist es wichtig, sich ein paar Fragen zu stellen, vielleicht in einer eigens dafür gegründeten Projektgruppe. Zum Beispiel: Welche Informationen sind sowohl für die Kerngemeinde als auch für diejenigen interessant, die zufällig auf der Seite landen und von Kirche vielleicht gar nicht so viel wissen? Welchen Nutzen sollen sie von der Seite haben? Welches Material gibt es schon, das sich ins Netz stellen lässt? Wie sollen die Nutzer und Nutzerinnen der Seite angesprochen werden? Familiär oder eher förmlich? Der Internetauftritt sollte zum Selbstverständnis der Gemeinde passen. Ist das eher traditionell oder experimentierfreudig? Manchmal kann der Prozess, sich eine Homepage zu erarbeiten, so dazu dienen, das eigene Profil zu schärfen.

In einem zweiten Schritt geht es darum, sich zu überlegen, wie man die Informationen und Materialien gliedert und darstellt, am besten unter Rubriken wie „Über uns", „Themen" und „Termine". Es kann auch nichts schaden, geistliche Nahrung anzubieten, etwa die Losung, Gebete oder Segenssprüche. Wichtig ist es, von den Nutzern aus zu denken. Wie suchen sie? Was hilft ihnen, die Seite intuitiv zu verstehen? Wann fühlen sie sich eingeladen, näherzutreten? Die Absenderin muss klar erkenntlich sein. Dazu gehören Hinweise zu den Schwerpunkten der Gemeindearbeit und den verschiedenen Gruppen genauso wie Angaben, wann und wie man die Hauptamtlichen erreicht und wer für was zuständig ist und, schon aus rechtlichen Gründen, ein Impressum. Diese Art der Transparenz macht es Menschen leichter, Kontakt aufzunehmen. Sie wissen dann in etwa, was sie erwartet und mit wem sie es zu tun haben.

Homepage wie auch Gemeindebrief, Schaukasten und Social-Media-Accounts zeigen Geschichten und Gesichter der Gemeinde und laden im besten Fall dazu ein, dazuzugehören, mitzumachen. Sie sagen: „Seht her, so sind wir! Offen für euch." Diese Chance sollte sich keine Gemeinde entgehen lassen.

Amet Bick ist die Leiterin der Öffentlichkeitsarbeit in der Evangelischen Kirche Berlin-Brandenburg-schlesische Oberlausitz.

KONAPP
Endlich eine App
für die Konfiarbeit

Jeremias Treu

Wann gibt es endlich eine APP für die Konfiarbeit, fragte eine Pfarrerin bei einem Pfarrkonvent. Nachdem u.a. der bei den Jugendlichen beliebteste Messengerdienst WhatsApp[1] aus Gründen des Datenschutzes[2] dienstlich nicht mehr genutzt werden darf, habe sie es schwer, die Konfis zu erreichen und z.B. über veränderte Termine zu informieren. Zum Glück konnte ich ihr eine positive Antwort geben, denn ab Sommer 2019 gibt es die KONAPP EKD-weit.

Das Smartphone ist für die Altersgruppe der Konfis längst nicht nur ein banaler Gegenstand. Es wird zu einem Körperteil. Die Deutsche Bibelgesellschaft hat mit Fachleuten der Konfirmandenarbeit und mit Unterstützung der EKD eine App entwickelt, die die Nutzung des Smartphones für die Konfiarbeit ermöglichen soll. Momentan erproben 60 Testgemeinden aus dem Bereich der EKD die App, die nach den Sommerferien über die AppStores zur Verfügung gestellt werden soll. Zu den Kernfunktionen dieser KONAPP gehört ein virtueller Gruppenraum. Dieser Gruppenraum wird vom Leiter der Gruppe eingerichtet. Die Konfis, die die App heruntergeladen haben, bekommen einen Code, der ihnen den Zugang zum Gruppenraum ermöglicht. Alle Informationen in diesem Raum sind nur den Gruppenteilnehmern zugänglich. In diesem Raum sind auch kurzfristige Absprachen und der Austausch von Informationen, Bildern und Videos möglich. Im Gruppenraum können z.B. auch Fotos zu einem genau bestimmten Thema gespeichert werden, die dann für alle Gruppenteilnehmer sichtbar sind. Die KONAPP ist aber kein ausgewachsener Messengerdienst und wird Whatsapp für die Konfis nicht überflüssig machen, bietet aber das, was für den Kontakt mit und zwischen den Konfis in der Konfiarbeit nötig ist. Es gibt auch einen persönlichen Bereich in der KONAPP, der nicht für andere einsehbar ist. Hier ist Platz für Notizen und persönliche Eintragungen. Die Kalenderfunktion ermöglicht es dem Leiter, Termine für alle einzutragen. Die KONAPP bietet noch viel mehr. So gibt es eine Fülle von wichtigen Basistexten des Glaubens und des kirchlichen Lebens, die jeder Konfi dort einsehen kann. Diese Texte können durch den Leiter individuell ergänzt werden. Auch wird es die Möglichkeit geben, Umfragen mit der App durchzuführen. So kann z.B. eine Umfrage zum Gottesdienst erstellt und somit abgefragt werden, wie einzelne Teile des Gottesdienstes bei einem Gottesdienstbesuch von den Konfis beurteilt werden. Neben der Basisbibel und verschiedenen Methoden zum Bibellesen wird man auch Videoclips finden, die von Konfi- und Jugendgruppen zu Glaubens- und Lebensthemen selbst erstellt werden können. Ideen für die Weiterentwicklung gibt es jetzt schon viele. Songs christlicher Nachwuchsbands könnten zugänglich gemacht werden, deutschlandweite virtuelle Live-Events könnten über die App organisiert werden. Fertig ist die App noch nicht. Sie soll weiter entwickelt werden und sich am Bedarf der Konfirmandenarbeit orientieren. Natürlich kostet das Geld. Die Entwicklung und weitere Betreuung liegt in professioneller Hand. Wer am Ende die Kosten dafür trägt, wird momentan noch beraten. Für die Konfis soll die KONAPP kostenlos sein.

Anmerkungen
1 https://www.mpfs.de/studien/jim-studie/2018/
2 https://www.evangelisch.de/inhalte/150140/23-05-2018/der-ekd-datenschutzbeauftragte-michael-jacob-ueber-die-dsgvo-und-die-eu-verordnung

Mehr dazu unter:

https://www.konapp.de

Jeremias Treu ist Studienleiter für Konfirmandenarbeit im Amt für kirchliche Dienste der EKBO und Mitglied der PGP-Redaktion.

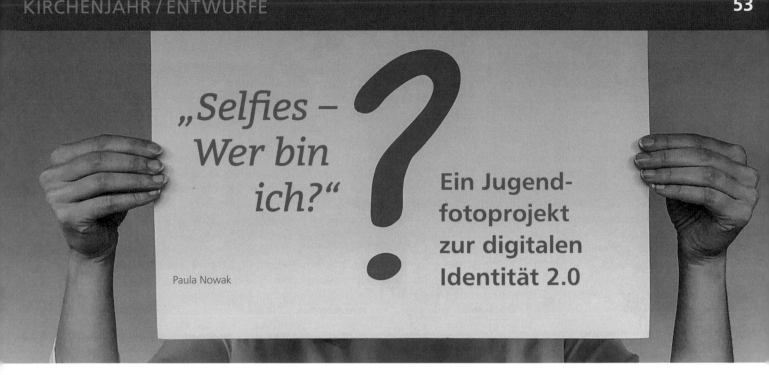

"*Selfies –
Wer bin
ich?*"

Paula Nowak

**Ein Jugend-
fotoprojekt
zur digitalen
Identität 2.0**

Die Idee

Alle machen Selfies: Im Urlaub, in der Familie, in der Schule. Die halbe Welt knipst sich und stellt Fotos online. Hierbei handelt es sich jedoch nicht nur um einen Alltagstrend. Es bietet vielfältige gemeindepädagogische Anknüpfungspunkte. Themen, die Jugendliche beschäftigen, können anhand des Themas lebensweltnah aufbereitet werden: Was sagen Selfies über mich aus? Was gebe ich damit über mich preis? Wie stelle ich mich der Außenwelt dar und warum? Welchen Wert habe ich? Im Projekt gehen die jugendlichen Identitätsmuster in einen Diskurs mit christlichen Glaubenstraditionen und hinterfragen die Menschenbilder, die mit dem entsprechenden Medienverhalten einhergehen.

Identität 2.0

Die Selfie-Thematik spricht Grundfragen des Ichs an. Durch die Spiegel-Funktion können sie in einem hohen Maße Fragen nach Identität und Persönlichkeit anstoßen. Selbstfindung und Selbstdarstellung gewinnen in der Adoleszenzphase an Intensität und zeigen sich in vielfältigen Erscheinungsformen. Zu allen Zeiten haben Jugendkulturen auf einen Selbstdarstellungsdruck verwiesen. Gegenwärtig stehen dafür Selfies und die Möglichkeit einer sofortigen Anschlusskommunikation in den sozialen Medien. Durch das Motto des Projekts werden die Jugendlichen in ihrer Persönlichkeitsentwicklung gefördert, im speziellen die Auseinandersetzung mit der eigenen Identität in Selbst- und Fremdwahrnehmung. Entgegen dem Trend, sich ständig in Bestform zu präsentieren, soll vielmehr der Einzigartigkeit jeder Persönlichkeit und der Vielschichtigkeit von Identität Raum gegeben werden.

Imago Dei oder „Gott liked jedes Foto von dir!"

Zu den Grundaussagen des biblisch-christlichen Menschenbildes gehört die Gleichwertigkeit aller Menschen. Im Kontext der Selfie-Thematik bietet es sich an, den Umgang mit Selbstdarstellungen zu reflektieren. Heranwachsende produzieren und nutzen Selfies für die für sie notwendige Resonanzerfahrung und die positive Rückmeldung, welche die Selbstinszenierung hervorrufen kann.

Viele Jugendliche orientieren sich während des *Selbstinszenierungsprozesses* an gesellschaftlich kolportierten Idealen, die von Rollenstereotypen und einem eher ökonomisierten Menschenbild (Körper- und Schönheitsideale, Selbstoptimierungsdruck) geprägt sind. Hier kann eine Auseinandersetzung mit dem Gedanken der Gottebenbildlichkeit stattfinden. Ein Perspektivwechsel zur Frage von menschlichen Grenzen und der Gebrochenheit menschlicher Existenz könnte ein notwendiges Korrektiv sein.

Praktische Umsetzung

Das Projekt ist für Heranwachsende ab 12 Jahren konzipiert und gliedert sich in zwei Module, die ungefähr einem Projekttag entsprechen. Integrieren lässt es sich in vielfältige gemeindliche Aktivitäten, zum Beispiel Rüst- und Freizeiten oder Konfi-Projekte. Je nach Zeitvorgaben können aber auch einzelne Bestandteile der Module genutzt werden.

Foto: Pixabay, Riala

Im ersten Modul liegt der Schwerpunkt auf der Reflexion eigener Mediennutzung in Verbindung mit biblisch-anthropologischen Bezügen. In einem Gallery Walk[1] werden die gegenwärtigen Selfie-Trends diskutiert und bewertet. Anschließend wird in einem Partnerinterview die eigene Mediennutzung reflektiert. Anhand des Gedichts „Wer bin ich?"[2] von Dietrich Bonhoeffer beschäftigen sich die Heranwachsenden mit der Spannung zwischen Fremd- und Selbstwahrnehmung, der Vielschichtigkeit von Identität sowie der Bedeutung einer möglichen Gottesbeziehung in solch einem Prozess. So entstehen schnell Diskussionsanlässe zum Verhältnis von verbissener Selbstoptimierung, Selbstvermarktung und einer gewissen positiven Selbstdisziplin. Hier kann zugleich ein Gespräch über Perspektiven der Selbstwahrnehmung und Identitätskonstruktionen in den Medien stattfinden und eine mögliche Verbindung zu Gen 1,26 f. aufgezeigt werden, die biblische Vorstellung des Menschen als Geschöpf und Ebenbild Gottes diskutiert und mit Bezügen zum eigenen Leben verglichen werden. Praktisch umgesetzt wird das anhand eines Fotoauftrags, der die These der Einzigkeit und Würde jedes Menschen als christlichen Grundwert diskutiert und fotografisch gestaltet (M51).

Das zweite Modul erweitert die vorher besprochenen Aspekte um einen fotopädagogischen Exkurs und lässt die Jugendlichen spielerisch Fototechniken[3] ausprobieren. Sie sollen nach gestalterischen Möglichkeiten suchen, sich selbst auf vielfältige Weise zu inszenieren. Fotografie inspiriert wie kein anderes Medium zur kreativen und spaßvollen Arbeit am Selbst. Trotz hohem quantitativem Nutzungsverhalten ihres Smartphones ist es sinnvoll und notwendig, Heranwachsenden fototechnisches und ästhetisches Wissen anzubieten, um eine fotografische Idee umzusetzen. In diesem Prozess setzen sie sich mit Perspektive, Goldenem Schnitt, natürlichem Stativ, Licht/Belichtung auseinander. In einer weiteren Fotosession (M 2) werden die vorher erlernten Techniken angewendet sowie inhaltlich die theologisch-ethischen Fragen vom Vortag fortgesetzt. Abschließend werden die Fotos bearbeitet[4], eine Auswahl getroffen, ein Leporello[5] erstellt.

Fotografie kann also genauso als Kunstform wie als gemeindepädagogisches Instrument genutzt werden. Sich selbst durch Bilder vielfältig und experimentierfreudig auszudrücken, kann viel spannender sein, als bloß den Selbstauslöser zu betätigen. So werden die Foto-Sessions zur Entdeckungsreise zum Selbst und zur religiösen Identität.

M 1 Fotosession „Gott liked jedes Foto von mir!"

Ich kann mich so sehen, wie Gott es tut. Er sieht meine innere und äußere Schönheit.

Fotoauftrag:

Welches Detail oder welche Charaktereigenschaft an dir gefällt dir besonders gut? Mach ein Foto davon!

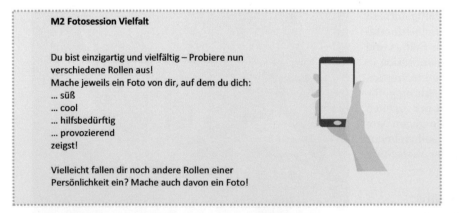

M2 Fotosession Vielfalt

Du bist einzigartig und vielfältig – Probiere nun verschiedene Rollen aus!
Mache jeweils ein Foto von dir, auf dem du dich:
… süß
… cool
… hilfsbedürftig
… provozierend
zeigst!

Vielleicht fallen dir noch andere Rollen einer Persönlichkeit ein? Mache auch davon ein Foto!

Anmerkungen

[1] Methode Gallery Walk mit Murmelrunden: Im Raum verteilt befinden sich unterschiedliche Stationen mit Selfie-Abbildungen und Diskussionsimpulsen. Die Jugendlichen gehen in Kleingruppen durch den Raum, schauen sich die Stationen an und diskutieren gemeinsam darüber.

[2] Gedicht von D. Bonhoeffer aus „Widerstand und Ergebung: Briefe und Aufzeichnungen aus der Haft" (2011).

[3] „Fototipps für Kinder" unter <http://go.akd-ekbo.de/ek5d2>.

[4] Kostenlose Fotoapps benutzen, zum Beispiel Picsart.

[5] Methode Leporello: Ein Faltbuch, das ziehharmonikaartig zusammengelegt ist. Auf den einzelnen Seiten wird das Thema anschaulich dargestellt.

Materialtipp: Noch mehr Fotoaufträge und den konkreten Ablauf des Projekts finden Sie in der umfangreichen Handreichung unter

https://bit.ly/2BLoW7Y

Paula Nowak ist Studienleiterin für Religionspädagogik im Bereich Mediendidaktik am Amt für Kirchliche Dienste der EKBO.

DIE FOTORALLYE

Jeremias Treu

Die Fotografie hilft den Menschen, zu sehen.

Bernice Abbott (1898–1991)

Seit über 200 Jahren fotografieren Menschen. Noch nie in der Geschichte war das Fotografieren aber so verbreitet wie heute. Die meisten Jugendlichen hierzulande verfügen über ein Smartphone, das ihr ständiger Begleiter ist. „Selfies" (Selbstportraits) in verschiedenen Varianten sind fast ein Volkssport. Die Verbindung von Fotografieren und klassischen Rallyes sind vor allen bei Jugendlichen sehr beliebt und macht Ihnen Spaß. Bei der Fotorallye lernen die Jugendlichen, ihre Wahrnehmung auf ein Detail oder ein Thema zu konzentrieren und so ihre Umgebung anders wahrzunehmen oder in Hinsicht auf ein bestimmtes Thema Motive zu inszenieren. Solche Fotorallyes eignen sich hervorragend, eine Gruppe oder bestimmte Orte besser kennenzulernen. Fotorallyes setzen viel kreatives Potential bei den Jugendlichen frei, wenn es darum geht, eine bestimmte Anzahl von Motiven zu einem Thema im Wettbewerb mit anderen Gruppen zu suchen und fotografisch festzuhalten. Zum besseren Kennenlernen der Gruppe sind Fotos geeignet, auf denen die Gruppenmitglieder etwas Bestimmtes machen müssen (z.B. Handstand; alle stehen auf einem Bein; alle springen in die Luft). Zur Erkundung von Orten eignen sich Fotos, auf denen alle oder einzelne Gruppenmitglieder etwas Vorgeschriebenes an bestimmten Orten inszenieren (z.B. einen Kreis um das Taufbecken bilden, alle auf der Kanzel). Der Vorbereitungsaufwand für eine Fotorallye ist relativ gering. Es geht auch in umgekehrter Richtung. Jede Gruppe erhält einen Umschlag mit Fotos mit Details von Orten. Die Aufgabe besteht darin, mit der gesamten Gruppe diese Orte zu finden und als Beweis ein Foto mit Gruppenmitgliedern zu machen, das dann im Plenum am besten mit Leinwand und Beamer vorgestellt wird.

WIE FUNKTIONIERT EINE FOTORALLEY?

Wenn man sich im Klaren über das Thema ist (z.B. Kennenlernen der Gruppe), werden eine bestimmte Anzahl von Fotoherausforderungen formuliert, die dann die Gruppen im Wettbewerb in einer bestimmten Zeit fotografieren müssen. Nach Ablauf der Zeit werden die Fotos angesehen und ausgewertet.

BEISPIELE für Fotoralley mit Konfirmanden
Aufgaben für die ganze Gruppe
■ Die ganze Gruppe von oben
■ Die ganze Gruppe liegt übereinander in der Eingangstür
■ Die ganze Gruppe steht Kopf in der Kirche
■ Die ganze Gruppe sitzt auf einem Stuhl
■ Die Gruppe steht auf einem Tisch
■ Die Gruppe trägt einen Hut/Kopftuch
■ Die Gruppe legt die Zahl 11/ein Herz/ein Kreuz
■ Die Gruppe muss zusammen mehr als 200 Jahre alt sein
■ Die Gruppe steht barfuß im Wasser
■ Die Gruppe in einem Auto

Einzelne aus der Gruppe
■ Eine Umarmung
■ Einen Kuß
■ Ein lachendes Gesicht
■ Piercing in der Zunge

Aufgaben an bestimmten Orten
■ Ein Kirchenfenster von innen fotografiert
■ Die Bibel auf dem Altar aufgeschlagen 1. Korinther 13
■ 50 Gesangbücher übereinander in der Kirche
■ vor dem Eingang zum nächsten Seniorenheim/kath. Kirche/Kindergarten
■ Foto mit Pfarrer/Küster/Organist
■ Alle haben eine Kerze in der Hand und stehen vor dem Altar
■ Alle stellen eine biblische Geschichte nach (die anderen müssen raten, was es ist)

Je nach Thema und Ziel werden Fotoherausfoderungen auf ein Blatt geschrieben und den Gruppen mit Zeitvorgabe überreicht (*z. B. Ihr habt jetzt 40 Minuten Zeit zum Fotografieren. Auf dem Blatt stehen 20 Aufgaben. Von jeder Aufgabe brauchen wir ein Foto, das anschließend gezeigt wird.*) Anschließend werden die 20 Fotos auf einen Rechner übertragen. Weitere Ideen zum Fotografieren mit Konfi- oder Jugendgruppen findet man auf der Seite: <www.methoden-tool.de>. Eine Registrierung dort ist erforderlich.

Jeremias Treu ist Studienleiter für Konfirmandenarbeit im Amt für kirchliche Dienste der EKBO und Mitglied der PGP-Redaktion.

Exklusiv für unsere Abonnenten auf der Webseite:

Instawalk – Anregung für die Konfirmandenarbeit mit Instagramm

http://www.praxis-gemeindepaedagogik.de

Open air, open talk

Sommerkinoabend mit Filmnachgespräch –
Ein gemeindepädagogischer Praxisbericht

Anne Simon

Die meisten Menschen lieben Filme. Filme sind Kunst und Unterhaltung. Sie sind das Ergebnis vieler gemeinsam schaffender Künstler. Filme beschäftigen sich gefällig und ansprechend mit Lebensfragen und gehen uns deshalb rational und emotional an. Der vorliegende Artikel befasst sich mit der Planung, Vorüberlegung und Durchführung eines (Open Air) Kinoabends in der Kirchengemeinde. Grundsätzliche Axiome und Prämissen zum Thema Gemeindeaufbau und Filmarbeit sollen beleuchtet, die Chancen, die Filmarbeit für Gemeindearbeit birgt, verdeutlicht werden.

»Gesprächskreise und Bibelarbeit interessieren mich ja nicht so, aber bei nem Filmprojekt, wo ich auch mitentscheiden kann, was geguckt wird, da hab ich Lust drauf.« (O-Ton Jugendlicher aus dem Team)

Gemeinsam Filme zu schauen macht Spaß. Kirche hat relevante und interessante Inhalte zu bieten. Das alles lässt sich womöglich verknüpfen. Ich persönlich liebe Filme und so geht es vermutlich manchem. Zu den bekennenden Cineasten zählen sich Menschen aus allen Milieus und Bildungsschichten sowie aus allen Altersgruppen. Insofern ist Filmarbeit in der Gemeinde nicht nur intergenerationell sondern auch intersubjektiv und zwischen verschiedensten Milieus, Menschengruppen und Kohorten übergreifend, vermittelnd und verbindend. Filme können als Impulsgeber für intensive thematische Gespräche dienen. Als Kommunikationsbrücke zwischen Lebensthemen, Verkündigung und Menschen ist Film dasjenige Medium, das den ästhetischen und kommunikativen Strukturen vieler Zeitgenossen entspricht.

Gesellschaftliche Herausforderungen
im ländlich-peripheren Raum

Der Alltag von Einzelnen und Familien ist durch pluralisierte Lebenswelten gekennzeichnet. Häufig ist die Arbeit im Schichtsystem geregelt und auf dem Land müssen weite Fahrstrecken in Kauf genommen werden, was eine hohe Ungleichzeitigkeit bei der Wahrnehmung von Freizeit- und Kulturangeboten nach sich zieht. Zudem ist ein Trend hin zu sehr individualisierten Lebensentwürfen deutlich auszumachen. Unterschiedliche Familienmodelle, diverse Patchwork-Konstellationen sind Realität. Die Kirchengemeinde vor Ort kann mit Projekten wie Filmarbeit (u. a.) Menschen aus unterschiedlichen Lebenswelten zusammenbringen, Schwellenängste abbauen, Beziehung und Identität stiften und dem kommerzialisierten Überhang in den gelebten Werthaltungen ideelle, wertebezogene Inhalte entgegensetzen. Es geht auch darum, Kirche als Kulturträger positiv ins Blickfeld der öffentlichen Wahrnehmung zu rücken. Zwei positiv handlungsverstärkende missionarische Bewegungen sind dabei intendiert. Die motivierte Projektgruppe präsentiert „ihre Kirche" durch ein ansprechendes Angebot vor einem größeren Personenkreis. Dabei wird die eigene kirchliche Identität gestärkt. Zudem erfährt die Kirchengemeinde eine Erweiterung des Spektrums an Handlungsfeldern und missionarischen Potenzialen. Die zweite Bewegung ist durch eine sich verändernde Wahrnehmung der Kirche bzw. Kirchengemeinde und insbesondere deren Mitglieder vonseiten der Besucher der Veranstaltung gekennzeichnet. Glaubensaspekte und Zeugen des christlichen Glaubens treten in den öffentlichen Raum und gestalten diesen, werden Teil der kulturellen Umgebung.

Was ist Gemeindeaufbau?
Verbreitete Annahmen und Entgegnungen

„Gemeindeaufbau heißt, Gemeinde muss zahlenmäßig wachsen und mehr Leute sollen in den Gottesdienst kommen!" Das ist zwar ein möglicher Ansatz, greift aber für sich allein zu kurz. Zum einen, weil Qualität vor reine Quantität geht, und zum anderen, weil Gottesdienst nur eines von vielen Handlungsfeldern ist, an denen Gemeindeaufbau ansetzen kann. „Gemeindeaufbau, das ist doch das, was wir schon immer getan haben!" Kirche bleibt nicht in einem Status quo stehen, weil sie auf eine zukünftige Welt ausgerichtet ist, im Sinne des ecclesia semper reformanda. „Gemeindeaufbau heißt, noch mehr tun, aber wir sind ohnehin schon am Limit der Belastbarkeit!" Gemeindeaufbau bedeutet meist nicht mehr, sondern oft auch etwas anderes, manchmal sogar weniger zu tun. Einiges muss fallen gelassen werden, damit Neues wachsen kann. Es braucht Kreativität, Mut und Denkpausen. „Gemeindeaufbau ist Thema, seit die Mitgliederzahlen sinken!" Eine stabile tragfähige Gemeinschaft, in der ab und zu was Tolles los ist, d.h., eine attraktive Gemeinde zieht Menschen an. Dadurch ist und bleibt sie in Bewegung und im Wandel. Das war schon immer so. „Gemeindeaufbau heißt auf Menschen zugehen – aber die Leute wollen in Ruhe gelassen werden!" Gott kommt uns entgegen. Die Kirche tritt häufig als eine Institution auf, die eher eine Kommstruktur pflegt. Ziel sollte stärker eine Gehstruktur sein: Das heißt, aufsuchen, besuchen, socialising, networking. Gemeindeaufbau, so verstanden, heißt auch neue Formen auszuprobieren, Inhalte ansprechend zu präsentieren, auf Menschen zuzugehen etc. Filme können Impulsgeber für kirchliches und zivilgesellschaftliches Engagement sein, verbindend und identitätsstiftend wirken. Für viele Menschen sind die Angebote von Kirche, die es vor Ort gibt, mit einem hohen Fremdheitscharakter versehen. So ein Filmabend soll deshalb so niedrigschwellig wie möglich auch für Kirchenferne, Kirchendistanzierte und Nichtmitglieder attraktiv sein.

Zur Durchführung

Ein Team von Interessierten trifft sich und denkt über Ziele, Vorgehensweise, Ort und eventuelle Filmvorschläge nach. Eine größere Auswahl von Filmen wird gemeinsam geschaut und auf die enthaltenen Themen, Motive und Fragestellungen hin untersucht, um herauszufinden, welcher Film sich zu welcher Thematik besonders eignet. Im hier durchgeführten Fall sollte es sich um einen Open-Air-Kinoabend handeln. Dabei ist besonders auf mögliche Projektionszeiträume – „wann wird es zur gefragten Zeit dunkel?" – und eine Schlechtwetteralternative zu achten. Bei der Durchführung wurden die Projektgruppe sowie Projektidee und Zielsetzung, Filminhalt und Regisseur kurz vorgestellt. Wichtig ist auch, für das Filmnachgespräch genügend Zeit und einen ansprechenden, einladenden Ort einzuplanen. Der mögliche Ertrag von gemeindlicher Filmarbeit lässt sich aus oikodomischer Perspektive kurz wie folgt zusammenfassen: Kontextualisierte und begleitete Filmvorführungen eignen sich, um Schwellenängste, die in Bezug auf Kirche bestehen, abzubauen. Eine solche Veranstaltung spricht Menschen unterschiedlichen Alters und Milieus an. Angebote dieser Art können als intergenerationelle, milieuverbindende Bildungs- und Kulturevents angesehen werden. Kirche wird als Träger und Anbieter eines attraktiven Bildungs- und Kulturangebots wahrgenommen.

Literatur

Evangelisch-reformierte Landeskirche des Kantons Zürich, Arbeitsheft: Gemeinde bauen – Fragen, Prinzipien, Konzepte, Modelle Zugänge (die Broschüre ist online verfügbar).

Mehr dazu:
Arbeitsheft
„Gemeinde bauen"

https://www.yumpu.com/s/7PrgO26tNClwtaSp

Anne Simon ist Pfarrerin im Entsendungsdienst in Rastenberg.

Vom Siegeszug der Digitalisierung: NIKE (2017) von Sebastian Hertrich

Impulse für eine Andacht

Christine Ursel

Den 2. Preis beim Kunstpreis der Nürnberger Nachrichten 2018 zu gewinnen, ist eine hohe Auszeichnung: 876 Künstlerinnen und Künstler haben sich beworben, 66 wurden mit insgesamt 77 Arbeiten von der Jury in die Ausstellung aufgenommen.

Im Jahr 2018 hat das Sebastian Hertrich, Holzbildhauer und Diplomkünstler geschafft – mit einer lebensgroßen Skulptur, die in der Verbindung von Material und Figur den Siegeszug von Technisierung und Digitalisierung in unserer gegenwärtigen Zeit zeigt. Nike (2017) besteht aus Computerplatinen, Gips, Textilien und Epoxidharz und zeigt in den Maßen von 240 × 200 × 180 cm ihre volle Größe.

Nike **symbolisiert die antike Siegesgöttin**. Aus Tausenden Teilen von Computerplatinen hat der in Halle/Saale 1985 geborene und in Erlangen lebende Künstler seine *Nike* geschaffen. Der Siegeszug der digitalen Technik ist längst unumkehrbar, so die in eine höchst anmutige Form verpackte Aussage seiner Skulptur.

Impulse, die gut in einer Andacht aufgenommen werden könnten:
- Computerschrott, alte Platinen etc. zeigen: Was könnte man damit Sinnvolles machen?
- Die Idee des Künstlers Sebastian Hertrich vorstellen, Platinen als Material für Skulpturen zu verwenden
- Bilder vom Detail bis hin zum Ganzen gehend zeigen und assoziieren lassen, was da zu sehen sein könnte
- Nike (2017) vorstellen – noch ohne Nennung des Titels; frei assoziieren lassen, wie der Titel lauten könnte und warum
- Titel der Skulptur nennen – und Resonanzen dazu abwarten

- Hinweis auf die antike *Nike*: Siegesgöttin in der griechischen Mythologie. Ihre römische Entsprechung ist *Viktoria*. Zentrum ihres Kultes in Athen war die Akropolis. Wird fast immer geflügelt dargestellt.
- Wozu regt uns die Skulptur an? Was könnte ein Impuls zum Nachdenken für uns sein?
- Bezug zum christlichen Glauben: Nike (2017) erinnert vielleicht auch an einen Engel. Welche Botschaft hätte dieser Engel für uns?
- Der entscheidende *Sieg* für den christlichen Glauben ist der Sieg des Lebens über den Tod, Auferstehung Jesu, Ostern. Der Glaube daran kann Leben verändern.

Davon erzählen Lieder ...

> *Vom Tod bist du erstanden,*
> *Herr Christus, für die Welt.*
> *Die Kräfte, die dich banden,*
> *sind an dem Sieg zerschellt.*
> *Mein Leben ist ein Fest!*
> *Was mich das glauben lässt,*
> *ist Gottes große Kraft,*
> *die neues Leben schafft.*
>
> (EG 614, 4 – Ausgabe: Bayern-Thüringen: „Von Gott kommt diese Kunde";
> Text: Peter Spangenberg;
> Melodie nach: Auf, auf mein Herz mit Freuden)

Foto: Sarah Weiselowski

Würdigung des Preisträgers und seines Werkes in der Ausstellung – durch die Jury:

„Mächtig breitet der Engel seine Schwingen aus, die ihn – so scheint es – in die Lüfte heben. Nur mit den Zehenspitzen hat die zarte und doch ungeheuer präsente Frauengestalt noch Bodenhaftung. Und schafft es dabei leichtfüßig, die Jahrhunderte zu überwinden: Mittelalter verschwistert sich mit der Moderne. Denn Bildhauer Sebastian Hertrich hat für seine monumentale Skulptur zwar die sehr traditionelle Form der Madonnen- und Engelsdarstellung gewählt, seiner *Nike* aber eine Oberfläche aus tausenden von zerschnittenen Computerplatinen verpasst.

Scharfe Ecken und Kanten hat diese Siegesgöttin – und Strahlkraft. Doch ihr verführerisch bronzefarben glänzendes Äußeres ist trügerisch und nichts anderes als ein engmaschiges Netzwerk aus Daten-Müll. *Nikes* Botschaft ist mehr als doppeldeutig: Vom Computer lernen, heißt siegen lernen? Oder hat die binäre Welt mit ihren Algorithmen längst alles andere unterjocht? Und was sind in der von rasantem technischen Fortschritt geprägten Zeit noch wirkliche Heilsbringer und Trostspender? Braucht der Mensch nicht heute dringender denn je spirituelle Zentren und rettende Engel? Woran glauben wir noch? An Gott oder Google?

Die Qualität dieser beeindruckenden Bildhauerarbeit von Sebastian Hertrich liegt darin, dass sie den Betrachter mit ihrem optischen Wow-Effekt erst einmal umhaut, um ihm dann auf den zweiten Blick das Geheimnis ihrer *Haut* preiszugeben und ihn ohne Umwege zu solch zentralen Fragen zu führen. Historische Form, zeitgenössisches Material und gesellschaftlich relevanter Inhalt gehen eine überzeugende Trias ein. Hertrich beherrscht den Umgang mit der Hardware und in 3-D. Mit seiner *Nike* findet er ein überzeugendes Bild für die Brüchigkeit, die Unsicherheit und die Sehnsüchte in unserer digitalen Welt. Eine Skulptur auf der Höhe der Zeit."

Sebastian Hertrich ist Holzbildhauer und Diplomkünstler.

Foto: Anna Franke

Christine Ursel ist Redaktionsmitglied der PGP und begeisterte Ausstellungsbesucherin.

Mehr Infos und Bildmaterial:

http://sebastianhertrich.de   www.praxis-gemeindepaedagogik.de

Theologisch auf den Punkt gebracht:
Sehnsucht

Christopher Zarnow

„Da wohnt ein Sehnen / There is a longing" – so lautet der Titel eines Liedes aus dem Gesangbuch „Singt Jubilate", das es in kurzer Zeit zu einer gewissen Popularität in kirchlichen Kreisen gebracht hat. Es wird auf Jugendfreizeiten, auf dem Kirchentag oder auch in normalen Sonntagsgottesdiensten gesungen. Im Text heißt es weiter: „Da wohnt ein Sehnen tief in uns, o Gott, nach dir, dich zu sehn, dir nah zu sein. Es ist ein Sehnen, ist ein Durst nach Glück, nach Liebe, wie nur du sie gibst." Die Beliebtheit dieser Zeilen mag darin begründet liegen, dass sie ein Thema aufgreifen, das vielen Menschen im wahrsten Sinn des Wortes aus der Seele spricht: die Sehnsucht nach Liebe, nach einem größeren Sinn, nach einem erfüllten Leben, nach Gott. Da wohnt ein Sehnen tief in uns, in mir – das ist ein Satz, den man mitsprechen, mitsingen kann, selbst wenn man an der Existenz des so besungenen Gottes zweifelt oder mit den Worten des christlichen Glaubensbekenntnisses hadert. Religion existiert nicht nur – womöglich nicht einmal primär – im Modus glaubensstarker Überzeugungsgewissheit, sondern auch in Gestalt der Sehnsucht nach Sinnerfüllung. Viele neuere Lieder, aber auch gottesdienstliche Gebete setzen bei der Frage nach Gott, nach einem Sinn, nach Hoffnung, und nicht bei der christlichen Antwort an.

Auch aus Sicht der Autorinnen und Autoren der Bibel erscheint die Seele als ein Organ der menschlichen Sehnsucht. Die Seele streckt sich aus, sie flieht sich hin zu einem Ort, „von woher ihr Hilfe kommt" (Ps 121). Sie wird dazu aufgerufen, sich zu erheben, sich auszurichten und Heimat im Himmel, bei ihrem Gott zu finden. „Ruhelos ist unser Herz, bis es ruht, o Gott, in Dir", heißt es in der berühmten Eingangspassage der Bekenntnisse Augustins. Diese Ruhelosigkeit des Herzens ist kein Phänomen vergangener Tage. Permanente Zeitknappheit, Arbeitsüberlastung, der Wunsch nach einer guten Work-Life-Balance, der Kampf mit den inneren Dämonen, dauerhafter Selbstoptimierungsdruck, die Erfahrung gescheiterter Beziehungen – da wohnt ein Sehnen tief in uns, ein Durst, in

der Tat – nach Glück, Gelassenheit, Selbstvertrauen, Lebenszuversicht, Frieden.

Auf die omnipräsente Sehnsucht nach Heil – und heiler Welt – reagiert ein hart umkämpfter Markt von gepriesenen Glücksgütern, psychologischen Beratungsangeboten und politischen Ideologien. Längst hat die traditionelle Religion kein Monopol mehr auf (quasi-)religiöse Heilsversprechen. Auf dem Aufstieg zu ihrem himmlischen Gegenüber wird die menschliche Seele von allerlei höchst irdischen Heilsanbietern abgefangen. Wo das menschliche Herz nicht zur Ruhe gelangt, kann es immerhin Zerstreuung finden, sich ablenken und umlenken lassen von jenem Sehnen, das tief in ihm wohnt, hin auf erreichbare Sehnsuchtsziele mittlerer Reichweite. Nicht nur die Tourismusbranche wirbt mit Paradiesversprechungen. Wie an kaum einer anderen Stelle erscheint der spätmoderne Mensch ansprechbar, aber auch verführbar zu sein bei seinen tiefen Sehnsüchten nach Erfüllung und Erlösung. „Ich habe immer darauf gewartet, dass mein Leben endlich anfängt, aber es ging einfach nur weiter" – diese Worte des in die Jahre gekommenen Gelegenheitsarbeiters und Hobbymusikers Buddy aus dem Film „Das Leben ist eine Baustelle" (1997) bringen es auf den Punkt: Dem Leben wohnt eine eigene Tendenz auf seine Erfüllung inne – ganz unabhängig davon, ob und wenn ja, wie sie an ihr Ziel gelangt.

Trotz der Bedeutung, die das Thema „Sehnsucht" im religiösen Leben, in Liedern und Gebeten, aber auch in der säkularen Kultur besitzt – in der romantischen Liebeskomödie, im Coming-of-Age-Film, in der zeitgenössischen Poesie und Literatur –, spielt es in der klassischen Dogmatik so gut wie keine Rolle. Das ist zunächst einmal ein erstaunlicher Befund. Der Grund dafür liegt in ihrem systematischen Aufbau. Die traditionelle Lehrbuchdogmatik folgt in ihrem Aufriss einem heilsgeschichtlichen Schema: Schöpfungslehre, Sündenlehre, Gnadenlehre. Dass der Mensch dabei überhaupt ein Bedürfnis nach

Gnade und Erlösung in sich verspürt, wird von diesem Schema vorausgesetzt, aber nicht als ein eigener religiöser Themenkomplex erschlossen. Das christliche Heilsversprechen soll zwar allen Menschen gelten. Aber inwiefern sie dieses Heil überhaupt für sich ersehnen und danach suchen, für diese Frage interessieren sich die traditionellen Dogmatiker weniger. Das Erlösungsdrama wird gleichsam ganz von seiner objektiven Seite her erzählt: Durch die Sünde hat sich der Mensch von Gott entfremdet. Durch das Heilswerk Jesu Christi wird dieser Zustand überwunden. Aber was bedeutet dieses Heilswerk Christi überhaupt für das eigene Leben? Und inwiefern knüpft es dabei an die religiösen Sehnsüchte und Hoffnungen an, die Menschen wirklich umtreiben? Wo dieser Zusammenhang nicht deutlich wird, gibt die Dogmatik Antworten auf Fragen, die niemand wirklich gestellt hat.

Es gibt einen einzigen Ort im Aufriss der traditionellen Dogmatik, an dem dieser Themenkomplex zumindest berührt wird – die Lehre von der Buße. Hier, wo es gilt, eine Art innere Umkehrbewegung zu beschreiben, die das bußfertige Herz erfasst, zeigen die evangelischen Dogmatiker mitunter ein hohes Gespür für die Psychologie der Religion. Das gilt vor allem anderen für das Bußverständnis Luthers. Nach Luther besteht die Buße aus zwei Teilen bzw. Phasen. Am Anfang steht das erschrockene Gewissen. Plötzlich gehen einem die Augen auf über die Falschheit und Verkehrtheit des eigenen Tuns und Trachtens. Nach Luther besteht genau hierin die eigentliche Funktion der biblischen Gebote: Sie sollen solche Augenöffner sein, durch die sich der Mensch vor Gott in seiner Sündhaftigkeit erkennt. Würde es allein bei dieser Erfahrung bleiben, würde der so gerichtete Mensch allerdings, wie Luther psychologisch tiefgründig formuliert, in „Verzweiflung und Hass wider Gott" verharren. Wer sich nur angeklagt und niedergeworfen fühlt, ohne dem etwas Positives entgegensetzen zu können, gerät in einen Strudel der Selbstzerstörung.

Um eine wirkliche innere Umkehr zu bewirken, muss daher, so Luther, ein zweites Stück hinzukommen, nämlich „die Verheißung oder das Evangelium, welches das erschrockene Gewissen sicher macht und aufrichtet, dass es den guten Vorsatz fasse". Die Gebotsworte des Gesetzes führen dem Menschen seine Sündhaftigkeit vor Augen. Sie werfen ihn nieder. Das Wort des Evangeliums hat genau die gegenteilige Aufgabe: Es richtet den so Niedergeworfenen wieder auf und spricht ihm Gottes Vergebung zu. Es eröffnet ihm eine neue Perspektive, richtet ihn innerlich neu aus, so dass er in der Lage ist, den „guten Vorsatz" zu fassen, nämlich: Es von nun an anders und besser zu machen. Schon der aufrichtige Wunsch nach Veränderung ist daher als ein erstes Werk der Gnade zu begreifen, wie er in den Worten des Psalmbeters zum Ausdruck kommt: „Schaffe in mir, Gott, ein reines Herz und gib mir einen neuen, gewissen Geist" (Ps 51, 10).

Luthers Bußtheologie lässt eine tiefe Sensibilität für die religiösen Nöte und Hoffnungen des menschlichen Herzens erkennen. Zugleich werden aber auch die theologischen Grenzen erkennbar, in denen Fragen religiöser Sehnsucht traditionell verhandelt werden. Die Unruhe des menschlichen Herzens wird als Ausdruck seiner sündhaften Verkehrtheit gedeutet, die Sehnsucht nach Veränderung und Erneuerung in das bußtheologische Schema von Gesetz und Evangelium gepresst. Das mag zu Luthers Zeiten vielleicht plausibel gewesen sein. Für eine Theologie, die sich religionssensibel auf die eigene spätmoderne Gegenwart einlassen will, ist es das nicht. Die Sehnsucht nach Änderung, Erneuerung, ja nach Erlösung, muss nicht zwingend aus einem Akt der inneren Selbstzerfleischung hervorgehen. Sie kann auch durch positive Bilder, durch die Begegnung mit Kunst und Ästhetik geweckt werden. In seinem Gedicht „Archäischer Torso Apollos" beschreibt der Dichter Rainer Maria Rilke seine Konfrontation mit vollkommener, wenn auch nur fragmentarisch greifbarer Schönheit. Das Gedicht endet mit den berühmten Worten: „Du musst dein Leben ändern".

Im Sinne Rilkes müsste man sagen: Es gibt Erfahrungen, die berühren uns so sehr, die gehen uns so unter die Haut, dass unser ganzes Leben eine Antwort darauf geben will. Es gehört zu den Charakteristika religiöser Sehnsucht, dass sich der ersehnte Zustand mit ganz unterschiedlichen Begriffen füllen lässt: „Da wohnt ein Sehnen tief in uns, o Gott, nach dir, dich zu sehn, dir nah zu sein. Es ist ein Sehnen, ist ein Durst nach Glück, nach Liebe" – die Reihe ließe sich fortsetzen: nach Sinn, Fülle, Zuversicht, Friede, Gerechtigkeit, Erlösung … Diese Offenheit bzw. Unbestimmtheit liegt in der Sache selbst begründet. Der Soziologe und Kulturphilosoph Georg Simmel schreibt über den Begriff des Seelenheils als Inbegriff und Fluchtpunkt menschlicher Sehnsüchte: „Nicht eigentlich irgend ein angebbares Gut meinen wir […]; vielmehr das ist der ganze Inhalt dieses Begriffs, daß er den Einheits- und Treffpunkt all jener Bestrebungen und Regungen bedeutet: er besteht nicht für sich als etwas, worauf unsere Sehnsucht sich richte, sondern er ist der Name für den Ort unserer Sehnsüchte."[1] Anders gesagt: Dasjenige, wonach sich die Seele im Tiefsten sehnt, ist größer, umfassender und unbegreiflicher, als durch Worte definiert werden kann. In seiner Sehnsucht überschreitet, transzendiert das Individuum sich selbst und seine Welt. Die Theologie muss von den Liedern und Gebeten lernen, die gesungen und gesprochen werden: Es sind die Regungen und Bewegungen der menschlichen Seele, die den eigentlichen Stoff der Religion ausmachen und in die große Frage nach einem letzten Gegenüber ihrer Sehnsucht münden.

Anmerkung

1 Georg Simmel, Vom Heil der Seele (1902), in: Aufsätze und Abhandlungen 1901-1908, Bd. 1, Frankfurt am Main 1995, S. 109.

Christopher Zarnow ist Professor für Systematische Theologie an der Evangelischen Hochschule Berlin.

ZURÜCKGEBLÄTTERT ZUM THEMA DIESES HEFTES

in: Die Christenlehre 31/1978, 165 und 168

UMGANG MIT MEDIEN

Medien helfen die Wirklichkeit dieser Welt ins Visier zu bringen, und damit eröffnen sie eine neue (andere) Möglichkeit, das Evaneglium in die Welt zu bringen… Erfahrungen werden durch Medien vermittelt und damit auch Werte und Normen, die wir in Auseinandersetzung mit ihnen zu bearbeiten haben. Wenn Glaube Verknüpfung von Erfahrungen unter neuen Perspektiven ist, dann ist es nötig, auch in der Arbeit mit Kindern und Konfirmanden den Erfahrungsbereich ständig zu vergrößern und sich der modernen „technischen" Medien zu bedienen … (Das) Hantieren mit dem Medium (ist) von entscheidender Bedeutung für den Lernprozess. Dieses eigengestalterische Umgehen mit dem Medium regt die Beteiligten dazu an, festgefahrene Meinungen zu hinterfragen. Junge Menschen kommen in Bewegung, sie finden zu sich selbst und zu anderen und gewinnen neue Orientierung.

Arbeitsgruppe Hofmann u.a.

Methodenbox: *BarCamp*

Bernd Neukirch

Keine Bühne, keine langatmigen Vorträge im Plenum. Auch keine inhaltlichen Grundsatzreden (neudeutsch: *Keynotes*) oder eine zentrale animierende Moderation. Dafür ein geräumiger Raum, ein hochwertiges Buffet, eine gute technische Ausstattung und ein engagiertes Organisationsteam. Und dann das Wichtigste, das Mitmach-Prinzip des BarCamps: Geben und Nehmen. Jede teilnehmende Person ist aufgefordert ein **Geschenk** mitzubringen, eine Idee, ein Thema, eine Präsentation … Diese können mit anderen Interessierten weiterentwickelt und/oder kritisch reflektiert werden. Das sind die Kennzeichen eines BarCamps. Ursprünglich bezeichnete BarCamp – **bar** steht für das digitale **Leerzeichen** – ausschließlich eine Veranstaltung für Menschen mit IT-Bezug, sodass ähnliche Veranstaltungen mit anderer thematischer Ausrichtung z. B. EduCamp genannt wurden. Inzwischen hat sich im deutschsprachigen Raum BarCamp als Begriff für die Veranstaltungsform selbst, unabhängig vom Thema, eingebürgert.

Aus der Netzwelt kommt auch das Konferenzprinzip. BarCamps leben vom freien Gedankenaustausch. Sie nehmen die Merkmale von **Open Source Software** auf: Wissen und **Produktqualität** wächst durch Zusammenarbeit auf Augenhöhe, in einem offenen und unbeschränkten Dialog. Jemand lädt – meist online – zu einem eher allgemeinen Oberthema ein und Interessierte kommen.

Ein Moderator eröffnet ein BarCamp mit einer kurzen Einführung in Methode und Tagesablauf. Das weitere inhaltliche Programm gestalten die Teilnehmer in Eigenregie. Einzelne stellen zunächst mit wenigen Worten ihre mitgebrachten Themen, Beiträge vor. An einer zentralen Präsentationwand füllen sie markierte Zeitfenster und den Ort für den späteren Kleingruppenworkshop mit ihrem Themenstichwort.

Es können so lange Themen eingebracht werden, bis der Stundenplan voll ist und alle möglichen Orte vergeben sind. Anschließend geht es im weiteren Tagesverlauf in Arbeitsphasen in kleineren Gruppen weiter. Jede **BarCamp-Session** dauert üblicherweise 30, längstens 60 Minuten, dazwischen gibt es kurze Pausen. Die einzelnen Sessions/Workshops werden von den Teilnehmern selbst moderiert. Sie beginnen mit einem Vortrag, einer Präsentation oder Sonstigem, womit die initiierende Person ihren Beitrag „abliefert". Danach werden Fragen gestellt bzw. wird diskutiert. Die einzelnen Themen/Anliegen gewinnen so durch Perspektivenvielfalt der Beteiligten an Tiefe/Reife. Aber es kann auch anders kommen: Wird ein Beitrag z. B. als langweilig empfunden, leert sich der Raum manchmal schnell wieder. Zurück bleibt dann möglicherweise ein irritierter Initiator.

Selbstorganisation ist das Grundprinzip eines BarCamps. Alle Teilnehmer treffen selbst die Entscheidung, wohin sie im Rahmen der Veranstaltung gehen, wie lange sie bleiben und wann und wohin sie wechseln. Die Grundlage dafür ist das aus dem Open Space bekannte sogenannte **Gesetz der zwei Füße**: „Überprüfe zu jeder Zeit, ob du an dem Ort, an dem du dich befindest, etwas lernen oder beitragen kannst. Wenn du nichts lernen oder beitragen kannst, ehrst du die Gruppe mit deiner Abwesenheit". In dieser Weise stimmen die Teilnehmer mit ihren Füßen ab, welche Themen sie für sich relevant und interessant halten und welche nicht.

Alle Initiatoren sind am Ende dafür verantwortlich, dass Mitschriften, Folien, Audios und Videos ihrer Präsentationen und mögliche Ergebnisse ihrer Sessions im Web veröffentlicht werden: zum Nutzen aller Teilnehmer als auch derjenigen, die nicht selbst anwesend sein konnten.

Bernd Neukirch ist in der Gemeindeberatung und Organisationsentwicklung beim Amt für kirchliche Dienste tätig.

Medientipps

Claudia Brand

Wir können es uns nicht mehr vorstellen, wie eine Welt und ein Leben ohne digitale Medien oder gar Elektrizität aussieht. Umso eindrücklicher ist es, Thomas Balmès in seinem Film **Happiness – Ein Dorf im Wandel (2013)** in den Himalaya zu begleiten, dort wo die Errungenschaften der Moderne noch keinen Einzug gehalten haben. Gleich zu Beginn des Films wird gezeigt, wie die Ankündigung des bhutanischen Königs

Internet und Fernsehen in seinem Land einzuführen mit tosendem Applaus seines Volkes gefeiert wird. Ein bildgewaltiger Film der zur Diskussion über die Vor- und Nachteile der modernen Technik einladen kann.

Willi Huber hasst Computer. An seinem Arbeitsplatz wurde in den vergangenen Jahren alles digitalisiert. Da wollte und konnte er nicht mehr mitmachen und ist entlassen worden. Nun arbeitet er in einem kultigen Szenebistro und kommt mit der Jugendkultur und ihren digitalen Auswüchsen in Kontakt. Ganz unkonventionell hat er dort eine lebensrettende Idee und wird zum **Crushed Willi**. Der humorvolle Kurzfilm (6 Min.) von Volker

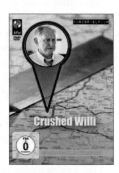

Heymann aus dem Jahr 2013 stellt dar, wie es älteren Arbeitnehmern im Zuge der Digitalisierung gehen kann und eignet sich nicht nur für die Erwachsenen-, sondern auch als Gesprächsimpuls für die Jugendarbeit.

2016 wurde Daniel Schaad für seinen Film **Invention of Trust – Die Datenlobby frisst ihre Kinder** mit dem Studenten-Oscar für den besten ausländischen Spielfilm ausgezeichnet. Sein 30-minütiger Kurzspielfilm zeigt den jungen Gymnasiallehrer Michael Gewa, der eine ominöse Nachricht erhält: Ein Unternehmen hat seine im Internet auffindbaren Daten gekauft und stellt ihm

nun eine Einschätzung seiner beruflichen Fähigkeiten, seiner Beziehung und seiner persönlichen Eigenschaften aus. Gegen die Zahlung eines monatlichen Betrags würden diese Informationen nicht veröffentlicht. Michael Gewa beginnt einen Kampf, um seinen Ruf nicht zu verlieren. Utopie oder schon längst Wirklichkeit?

Um das Thema Digitalisierung in Kirchenkinoveranstaltungen aufzugreifen, eignet sich der französische Spielfilm **Monsieur Pierre geht online** von Stéphane Robelin aus dem Jahr 2017. Der grummelige, alte Pierre hat seine Frau verloren. Seine besorgte Tochter schenkt ihm einen Computer mit Internetanschluss und engagiert einen jungen Mann, der ihm zeigen soll, wie er damit wieder am Leben teilhaben kann.

Zunächst noch skeptisch, beginnt Pierre recht schnell nach Frauenbekanntschaften zu suchen. Ein unterhaltsamer Film für Jung und Alt, der ein niederschwelliges Gesprächsangebot bieten oder einfach für sich stehen kann.

Das Evangelische Zentrum für entwicklungsbezogene Filmarbeit (EZEF) hat 2015 eine DVD mit fünf Dokumentationen und Magazinbeiträgen herausgegeben, die die Produktions- und Gebrauchszyklen verschiedener technischer Geräte wie Smartphones, Fernseher oder Computer verfolgen. Mit **Digital – Mobil – und Fair?** lässt sich globales Ler-

nen eng mit unseren alltäglichen digitalen Gebrauchsgegenständen verbinden. Auf der DVD findet sich umfangreiches Begleitmaterial mit Arbeitshilfen zu den einzelnen Filmen und Hintergrundinformationen für die Bildungsarbeit.

In den Bildungsplänen für den Elementarbereich ist sie längst angekommen: die Medienbildung. Wie diese konkret aussehen kann, welche Medien sinnvoll im Einsatz in der Kita sein können und was man beim **Aufwachsen in der Medienwelt** berücksichtigen sollte, zeigt die gleichnamige DVD, herausgegeben von der Liga für das Kind e.V. Die enthaltenen Kurzfilme zur Medienbildung in Kita und Kindertagespflege eignen

sich für die persönliche Fortbildung als auch für Fortbildungen im Kita-Team.

Alle Filme finden Sie mit den öffentlichen-nichtgewerblichen Vorführrechten im Verleih der Evangelischen und Katholischen Medienzentralen unter **www.medienzentralen.de**.

Claudia Brand ist Leiterin des Medienzentrums der EKM.

Buchtipps für die gemeindliche Praxis

Petra Müller

Einschulungsgottesdienste für Erstklässler und Abschiedsgottesdienste für die Schulabgänger der vierten Schuljahre sind in den Grundschulen fester Bestandteil des Jahreskreises. Die Heterogenität der Erwartungen der Beteiligten stellt eine besondere Herausforderung dar: regelmäßig anspruchsvolle und ansprechende Schulgottesdienste zu gestalten, die sowohl von kirchlich gebundenen als auch von kirchenfernen Kindern, Eltern, Lehrerinnen und Lehrern gefeiert werden können. Im Werkbuch **„Alles hat seine Zeit"** stellt die Religionspädagogin **Christine Willers-Vellguth** zwanzig Gottesdienstentwürfe für Gottesdienste zum Anfang und Ende der Grundschulzeit vor. Die Entwürfe knüpfen am Erfahrungshorizont der Kinder an. Vertrauen, Geborgenheit, Hoffnung und Dank werden ebenso zum Ausdruck gebracht wie Sorgen und Ängste vor dem Neubeginn. Die Gottesdienste wurden an einer Grundschule erprobt, die von christlichen und muslimischen Schülerinnen und Schülern besucht wird. Die Gottesdienste sind bewusst ökumenisch angelegt. Mit Liederanhang und zahlreichen Materialien zum Download.
Verlag Herder GmbH, Freiburg 2018, 138 Seiten
gebunden, ISBN 978-3-451-37999-4, € 18,00

Kinder lieben Geschichten – insbesondere dann, wenn sie beim Erzählen zum Mitmachen eingeladen werden. **Rita Diepmann** stellt in dem Buch **„Vorwärts- und Rückwärtsgeschichten"** 30 Mitmachgeschichten für 3- bis 6-Jährige zusammen. Diese bringen Kinder in Aktion: Sie werden sprachlich, motorisch, sozial und emotional in das Geschehen eingebunden. Sie bieten reichhaltige und unterschiedliche Gelegenheiten zum Mitspielen, Miterleben, Mitfühlen, Mitdenken, Mitsprechen und Miträtseln. Neben Bewegungs-, Reim-, Rätsel- und Reaktionsgeschichten gibt es Geschichten, die vorwärts und rückwärts erzählt werden können. Es gibt Schmunzelgeschichten, Rollenspielgeschichten, Geschichten mit verblüffendem Ende und Geschichten mit offenem Ausgang. Kurze Inhaltsangaben sowie Hinweise zu Förderzielen, Durchführung und Material ergänzen die Geschichten. Alle Geschichten können mehrfach durchgeführt werden. Sie sind in vier Kapitel unterteilt: Einfaches, Menschliches, Tierisches und Verwunderliches. Illustriert wurde das Buch von Anne Marie Braune.
Don Bosco Medien GmbH, München 2019, 72 Seiten
Klebebindung, ISBN 978-3-7698-2412-4, € 16,00

Barfuß zu laufen macht Spaß – nicht nur am Meer entlang und im Sand. Wir fühlen und spüren intensiver. Barfuß zu spielen ist erlebnisreich. Diesen Umstand greift **Dieter Altmannsperger** in dem Buch **„Barfuß die Bibel entdecken"** auf und entwickelt über kooperative Abenteuerspiele einen spielerischen und sensorischen Zugang zu biblischen Geschichten. Diese werden dadurch nicht nur hörbar, sondern auch erfahrbar. In jeder biblischen Geschichte steckt auch eine körperliche Bewegung. Es erschließen sich neue Perspektiven, wenn man sich selbst und die jeweilige Gruppe in Bewegung setzt. Deshalb könnte dieses Buch auch „Perspektivwandler" heißen. Schritt für Schritt wird mit vielen Bildern in diesem Praxisbuch aufgezeigt, wie die kooperativen Spiele angeleitet, durchgeführt und reflektiert werden können. Jugendliche können auf die Weise biblische Geschichten ganz frisch und mit viel Bewegung entdecken. Neben dem Praxisteil werden auch Forschungsergebnisse aus Interviews mit Jugendlichen vorgestellt, die berichten, welche Erfahrungen sie mit dieser Methode gemacht haben. Der Autor arbeitet seit Jahren an der Entwicklung passender Spiele für den religionspädagogischen Einsatz in Gemeinde und Schule.
Neukirchener Verlagsgesellschaft mbH, Neukirchen Vluyn 2018, 112 Seiten
kartoniert, ISBN 978-3-7615-6546-9, € 12,99

Dankbarkeit ist eine große Kraftquelle in unserem Leben – und besonders auch im Alter. Wissenschaftler haben herausgefunden, dass dankbare Menschen zufriedener sind, sie haben ein gesteigertes Wohlbefinden, sind spirituell offen und sie gehen anders mit Belastungen, Schicksalsschlägen und Verlusten um. „Ich bin nicht dankbar, weil ich glücklich bin, sondern ich bin glücklich, weil ich dankbar bin", sagt der 93-jährige Benediktinermönch **David Steindl-Rast**. Dankbarkeit ist kein Gefühl, sondern eine Haltung, sie will eingeübt, gelernt und gelebt sein. Dankbarkeit blüht auf, wenn man den gegebenen Augenblick und das, was einem begegnet, wahrnimmt und nicht als selbstverständlich hinnimmt. So wird Dankbarkeit zu einem „Drehpunkt" im Leben und für das Alter. **„Dankbar leben"** – basierend auf den Grundsätzen von David Steindl-Rast haben **Gary Fiedel** und **Karie Jacobson** in Zusammenarbeit mit gratefulness.org und dankbar-leben.org ein höchst inspirierendes Praxisbuch mit vielen Übungen herausgegeben, das im Vier-Türme-Verlag Münsterschwarzach erschienen ist.
Vier-Türme-Verlag, Münsterschwarzach 2018, 192 Seiten
broschiert, ISBN 978-3-7365-0132-4, € 19,00

IMPRESSUM

PRAXIS GEMEINDEPÄDAGOGIK (PGP)

ehemals »Christenlehre/Religionsunterricht–PRAXIS«
ehemals »Die Christenlehre«

72. Jahrgang 2019, Heft 2

Herausgeber:
Amt für kirchliche Dienste in der Evangelischen Kirche
Berlin-Brandenburg-schlesische Oberlausitz
Pädagogisch-Theologisches Institut der Nordkirche
Theologisch-Pädagogisches Institut der
Evangelisch-Lutherischen Landeskirche Sachsens
Pädagogisch-Theologisches Institut der Evangelischen Kirche in
Mitteldeutschland und der Evangelischen Landeskirche Anhalts

Anschrift der Redaktion:
Dr. Lars Charbonnier, c/o Evangelische Verlagsanstalt GmbH,
»PGP-Redaktion«, Blumenstraße 76, 04155 Leipzig,
E-Mail ‹redaktion@praxis-gemeindepaedagogik.de›

Redaktionskreis:
Thomas Böhme, Comenius-Institut
Schreiberstraße 12, 48149 Münster
Dr. Lars Charbonnier, Führungsakademie für Kirche und Diakonie,
Haus der EKD, Charlottenstraße 53/54,10117 Berlin
Uwe Hahn, Theologisch-Pädagogisches Institut Sachsen,
Bahnhofstraße 9, 04168 Moritzburg
Petra Müller, Fachstelle Alter der Ev.-Luth. Kirche
in Norddeutschland, Gartenstraße 20, 24103 Kiel
Dorothee Schneider, PTI der Ev. Kirche in Mitteldeutschland und der
Landeskirche Anhalts, Zinzendorfplatz 3, 99192 Neudietendorf
Jeremias Amt für Kirchliche Dienste in der Ev. Kirche Berlin-
Brandenburg-schlesische Oberlausitz, Goethestr. 26–30, 10625 Berlin
Christine Ursel, Diakonisches Werk Bayern – Diakonie.Kolleg.,
Pirckheimerstraße 6, 90408 Nürnberg
Redaktionsassistenz: Sina Dietl, Evangelische Verlagsanstalt GmbH

Verlag: EVANGELISCHE VERLAGSANSTALT GmbH,
Blumenstraße 76, 04155 Leipzig, www.eva-leipzig.de
Geschäftsführung: Sebastian Knöfel

Gestaltung/Satz: Kai-Michael Gustmann,
Evangelisches Medienhaus GmbH

Druck: Druckerei Böhlau, Ranftsche Gasse 14, 04103 Leipzig

Anzeigen: Rainer Ott · Media | Buch- und Werbeservice,
PF 1224, 76758 Rülzheim, Tel. (0 72 72) 91 93 19,
Fax (0 72 72) 91 93 20, E-Mail ‹ott@ottmedia.com›
Es gilt die Anzeigenpreisliste Nr. 11 vom 1.1.2012

Abo-Service: Christine Herrmann, Evangelisches Medienhaus GmbH, Telefon (03 41) 7 11 41 22, Fax (03 41) 7 11 41 50,
E-Mail ‹herrmann@emh-leipzig.de›

Zahlung mit Bankeinzug: Ein erteiltes Lastschriftmandat (früher
Einzugsermächtigung genannt) bewirkt, dass der fällige Abo-Beitrag
jeweils im ersten Monat des Berechnungszeitraums, in der letzten
Woche, von Ihrem Bankkonto abgebucht wird. Deshalb bitte jede Ände-
rung Ihrer Bankverbindung dem Abo-Service mitteilen. Die Gläubiger-
Identifikationsnummer im Abbuchungstext auf dem Kontoauszug zeigt,
wer abbucht – hier das Evangelische Medienhaus GmbH als
Abo-Service der PRAXIS GEMEINDEPÄDAGOGIK.
Gläubiger-Identifikationsnummer: DE03EMH00000022516

Bezugsbedingungen: Erscheinungsweise viermal jährlich, jeweils
im ersten Monat des Quartals. Das Jahresabonnement umfasst die
Lieferung von vier Heften sowie den Zugriff für den Download der
kompletten Hefte ab 01/2005. Das Abonnement verlängert sich um
ein Kalenderjahr, wenn bis 1. Dezember des Vorjahres keine
Abbestellung vorliegt.

 **Bitte Abo-Anschrift prüfen und
jede Änderung dem Abo-Service mitteilen.
Die Post sendet Zeitschriften nicht nach.**

ISSN 1860-6946
ISBN 978-3-374-05897-6

Preise:
Jahresabonnement* (inkl. Zustellung):
    Privat: Inland € 40,00 (inkl. MwSt.),
            Ausland € 50,00 (exkl. MwSt.);
    Institutionen: Inland € 48,00 (inkl. MwSt.),
            Ausland € 58,00 (exkl. MwSt.);

Rabatte – gegen jährlichen Nachweis:
Studenten 35 Prozent; Vikare 20 Prozent;
Einzelheft (zuzüglich Zustellung): € 14,00 (inkl. MwSt.)
      * Stand 01.01.2018, Preisänderungen vorbehalten

Info und Personen

Uwe Hahn

midi – Think Tank für die Mission von Kirche und Diakonie

Evangelische Arbeitsstelle für
missionarische Kirchenentwicklung
und diakonische Profilbildung

Die Evangelische Kirche in Deutschland (EKD), die Diakonie Deutschland und die Arbeitsgemeinschaft Missionarische Dienste (AMD) haben zusammen den Think Tank midi gegründet. Die Evangelische Arbeitsstelle für missionarische Kirchenentwicklung und diakonische Profilbildung, kurz: midi („missionarisch-diakonisch"), hat ihren Sitz im Evangelischen Werk für Diakonie und Entwicklung in Berlin.

midi soll evangelische Identität in Kirche und Diakonie reflektieren und schärfen, die Sprachfähigkeit über den christlichen Glauben weiterentwickeln, neue Formate der missionarisch-diakonischen Zusammenarbeit anstoßen und sich theologischen Grundsatzfragen zum heutigen Missionsverständnis stellen. Die Arbeitsstelle versteht sich selbst als Experimentierraum für Fragestellungen der Zukunft und wird Beiträge zur Impulsentwicklung, Beratung und Vernetzung liefern. Das Angebot von midi richtet sich besonders an die Mitarbeitenden der mittleren Leitungsebene in Kirche und Diakonie, die in ihren Funktionen Impulse für zukünftige Veränderungsprozesse geben können.

Kirche und Diakonie sind mit ihrer Arbeit vorbehaltlos für Menschen da, die dem christlichen Glauben nah und fern stehen. midi möchte Einrichtungen bei der evangelischen Profilierung ihrer kirchlichen Angebote und diakonischen Unternehmenskultur unterstützen, damit sie Menschen für das Evangelium begeistern können. Die Arbeitsstelle hilft Kirche und Diakonie in urbanen und ländlichen, pluralisierten und kirchenfernen Umgebungen neue Kontaktflächen zur Kommunikation des Evangeliums zu entdecken und dort die Relevanz christlicher Orientierung sichtbar zu machen.

Mit der Webseite www.mi-di.de und unserem Newsletter informieren wir Sie über Projekte, Publikationen und Termine. Treten Sie mit uns in Kontakt, per E-Mail (info@mi-di.de) oder Tel.: 030/652111862.

Louisa Winkler ist Referentin für Kommunikation in der Evangelischen Arbeitsstelle midi.

Dokumentation zur Arbeit mit Kindern in den Kirchgemeinden Sachsens

Bei einem Fachtag für Gemeindepädagoginnen und Gemeindepädagogen am 06.03.2019 wurde am TPI Moritzburg die Dokumentation „Arbeit mit Kindern in der Evangelisch-Lutherischen Landeskirche Sachsens vorgestellt. In einem Prozess, der 2015 begann, wurde eine Umfrage zur kontinuierlichen gemeindepädagogischen Arbeit mit Kindern entwickelt, durchgeführt und ausgewertet. Die Umfrage bestand aus zwei Teilen. Im ersten Teil wurden ca. 3000 Kinder befragt, die ein kontinuierliches Angebot in einer Kirchgemeinde besuchen (in der Regel war das die Christenlehre). Eine 2. Umfrage richtete sich an Gemeindepädagoginnen und Gemeindepädagogen. 220 vollständige Datensätze von Kolleginnen und Kollegen liegen vor. Es wurden unter anderem Daten zur Struktur, den Zielen und den Inhalten von kontinuierlichen Angeboten für Kinder in Kirchgemeinden erfragt. Die Dokumentation beinhaltet die Daten aus beiden Umfragen, stellt Korrelationen zwischen der Befragung von Kindern und Gemeindepädagogen hinsichtlich des regelmäßigen Angebotes dar und versucht Deutungen zu den Kernangeboten. Die Dokumentation ist am TPI Moritzburg erhältlich.

Ulrich H. J. Körtner: **Für die Vernunft**. Wider Moralisierung und Emotionalisierung in Politik und Kirche, Leipzig: EVA 2017, pb., 176 Seiten, ISBN 978-3-374-04998-1, EUR 15,00

Die social media, die Filterblasen des Internet verstärken einen gesellschaftlichen Trend, der bereits vor ihnen deutlich an Fahrt aufgenommen hat: Die Emotionalisierung und Moralisierung öffentlicher Debatten und politischer Auseinandersetzungen. Die biblische und reformatorisch wiederentdeckte Unterscheidung von Gesetz und Evangelium, die Unterscheidung von Moral und Religion, bildet für den Wiener Dogmatiker und Ethiker Ulrich Körtner den Ausgang für sein leidenschaftliches Plädoyer „Für die Vernunft". Er analysiert (durchaus pointiert und vielleicht nicht immer ganz ausgewogen in der Wahrnehmung gegenwärtiger politischer Verhältnisse – es mag durchaus noch ehrbare Politiker_innen geben, die die Lüge nicht als Standardinstrument ansehen, wie er es unterstellt –) dazu die Entwicklungen im von ihm als „postfaktisch" charakterisierten gegenwärtigen Zeitalter und darin insbesondere seine populistischen Tendenzen und das Anwachsen kollektiver und in der Äußerung jeweils stark emotionalisierter Ressentiments.

Wie die Rolle von Religion und speziell der christlichen und ihrer Kirchen aussehen könnte und sollte, beschreibt Körtner im weiteren Verlauf des Buches. Er warnt vor einer Entpolitisierung des Christentums und fordert stattdessen die Rückkehr zur politischen Vernunft, die gestützt wird von einer theologischen Vernunft, die selbstkritisch der Moralisierung der Theologie entgegenwirkt und so der Gefahr widersteht, selbst den beschriebenen Tendenzen der Gegenwart auf den Leim zu gehen. In diesem Sinne präferiert Körtner den Ansatz der „Öffentlichen Theologie", die im öffentlichen Diskurs auch ergebnisoffen Positionen sucht und artikuliert, einschließlich der Fragen von Religionskritik und Wahrheit in Glaubensfragen – das ist nur vernünftig und lässt fragen, wie Theologie sonst verstanden können werden sollte und ob deshalb eigentlich der Zusatz öffentlich nötig ist ... Dass diese hier eingeforderte Vernunft keine theoretische ist, steht am Ende des Buches: Sie ist sowohl als politische wie als theologische eine „engagierte Vernunft" (161).

Bei der Lektüre des Buches sind natürlich die Kriterien des Autors auch auf seine Ausführungen zu beziehen. In einzelnen Beispielen, wie etwa der Bewertung der Entscheidungen im Sommer der Migration 2015 und der einhergehenden bürokratischen Krise Deutschlands, ließen sich auch vernünftige Gegenargumente formulieren – was durchaus der prinzipiellen Forderung entsprechen würde, die Körtner hier verfolgt: Für die engagierte Vernunft.

Andreas Kubik: **Theologische Kulturhermeneutik impliziter Religion**. Ein praktisch-theologisches Paradigma der Spätmoderne, Praktische Theologie im Wissenschaftsdiskurs 23, Berlin/Boston: De Gruyter 2018, hc., 406 Seiten, ISBN 978-3-11-057694-8, EUR 99,00

Durch die Digitalisierung erweitert sich ein Feld relevanter Phänomene, die seit einiger Zeit in den Fokus theologischer Reflexion gerückt sind: Phänomene der impliziten Religion, also nicht-religiöse Kulturerscheinungen, die gleichwohl religiöse Funktionen erfüllen. Welche Relevanz hat die Beschäftigung mit solchen Phänomenen für die Theologie? Und was tut sie, wenn sie solche Kulturerscheinungen theologisch interpretiert? Mit dieser 2017 in Rostock angenommenen Habilitationsschrift bietet der Osnabrücker Lehrstuhlinhaber für Praktische Theologie Andreas Kubik einen sehr ergiebigen und schlüssigen Versuch einer umfassenden Theorie Theologischer Kulturhermeneutik – auch wenn das kulturprägende Thema der Digitalisierung leider keine wirkliche Rolle spielt...

Kubik leitet seine Darstellung mit einer ebenso instruktiven wie informierten Sicht auf die theorie- und theologiegeschichtlichen Schneisen der Verhältnisbestimmung von Kultur und Theologie ein und stellt mit den Ansätzen von Heimbrock, Grözinger und Gräb drei aktuelle Positionen dieses Diskurses als die wesentlichen an den Ausgangspunkt seiner Erörterung. In einer brillanten Darstellung der Einwände und Anfragen innerhalb der theologischen Diskurse an diese Positionen arbeitet Kubik das Desiderat aus, eine tatsächlich genuin theologische Kulturhermeneutik zu formulieren, die zugleich die Relevanz und den Mehrwert wie eine präzise Verhältnisbestimmung zwischen etwa Phänomenologie und Hermeneutik zu beschreiben erlaubt.

Um diesem Anspruch gerecht zu werden, untersucht er die Vorgeschichte mit dem Fokus auf die empirische Religionsforschung und ihre konzeptionellen Weichenstellungen bei Paul Drews, die für ihn „hart vor der Grenze zur theologischen Kulturhermeneutik" (74) stehen. Die kulturtheologische Basis entfaltet er im Gespräch mit Paul Tillich. In enger Anlehnung an die philosophische Hermeneutik Diltheys, die Phänomenologie Husserls und die Fremdheitstheorie Simmels und Kristevas erhebt Kubik schließlich Voraussetzungen und Implikationen der Spätmoderne für seine Theorie, um zu einer angemessenen, differenzierten Verhältnisbestimmung von Christentum und Kultur der Gegenwart kommen zu können. Am Ende des Buches fasst er seine Erkenntnisse in „Leitlinien einer kulturhermeneutisch inspirierten Praktischen Theologie" und einer „Skizze einer kulturhermeneutisch orientierten Praktischen Theologie" zusammen. Darin enthalten ist das aus meiner Sicht wesentliche Plädoyer, weder einseitige Strategien der Profilschärfung zu verfolgen noch einem reinen theologischen Dienstleistungsparadigma anzuhängen, ➜

Vorschau 3/2019

• Essen und Essgewohnheiten in der Bibel
• Erntezeit: Was nährt mich in meiner Arbeit?
• Mittag ohne Grenzen – ein generationsübergreifendes Projekt im Quartier
• Outdoor-Kochen mit Jugendlichen

sondern den gegenwärtigen Identitätskonflikt von Kirche und auf sie bezogener Theologie in der Gesellschaft selbst praktisch-theologisch konstruktiv zu bearbeiten. Für alle, für die Religions-Bildung gerade in digitalen Zeiten mehr ist als die Vermittlung von überlieferten Glaubens-Inhalten, ist dieser konzeptionelle Wurf nur zu empfehlen!

Olaf-Axel Burow, Charlotte Gallenkamp (Hg.): **Bildung 2030**. Sieben Trends, die die Schule revolutionieren, Weinheim/Basel: Beltz 2017, pb., 184 S., ISBN 978-3-407-25760-4, EUR 29,95

Der Kasseler Professor für Allgemeine Pädagogik Olaf-Axel Burow und seine Assistentin Charlotte Gallenkamp legen mit diesem Werk einen Sammelband vor, der sich einer eigentlich unmöglichen Aufgabe verschrieben hat: Mehr als zehn Jahre in die Zukunft zu schauen und darin die Veränderungen von schulischer Bildung visionär zu beschreiben. Dass sich Wesentliches ändern wird, weil sich die Welt aufgrund der Treiber der Globalisie-

rung und Digitalisierung massiv verändern wird, setzen sie dazu voraus und haben die beitragenden Autorinnen und Autoren eingeladen, diese Veränderungen fokussiert zu beschreiben. Entstanden ist ein Sammelband mit einer Vielzahl sehr anregender Beiträge, die in der Summe tatsächlich einen Eindruck entstehen lassen, vor welchen Veränderungen schulische Bildung steht und wie sie diese gestalten sollte:

Nach einer instruktiven Einleitung folgt ein Kapitel mit drei Beiträgen zu „Grundlegenden Perspektiven": Jürgen Overhoff schreibt „Über den bleibenden Wert der pädagogischen Aufklärung in Zeiten neoliberaler Zumutungen". Rolf Arnold fragt nach dem „Why?" der Bildung und sieht in der Kontemplation als Methode der Persönlichkeitsbildung ein wesentliches Zukunftsbild. Für Charlotte Gallenkamp liegt Wesentliches im Paradigma der Positiven Pädagogik und dessen zentralem Anspruch des Perspektivwechsels „Denk doch mal um!". Sieben „Pragmatische Perspektiven" folgen in einem zweiten Kapitel: Auf die „Lehrerpersönlichkeit der Zukunft" konzentriert sich Pamela Bogdanow. Hans Peter Kuhn plädiert für eine Ganztagsschule der Zukunft, die die Kinder frei lässt. Die Zukunft des Lernens in der Oberstufe ist das Thema des Beitrags von Dorit Bosse. Barbara Koch fragt nach den „Teilhabechancen von Jugendlichen durch inklusive Berufsorientierung". Sybille Rahm nimmt Abschied von traditioneller Kultur mit Blick auf die Zukunft der Schulentwicklung. Aus globaler und nachhaltiger Perspektive beschreibt Bernd Overwien die Zukunft des Lernens und fordert insbesondere deutlich mehr Anstrengung im Bereich der Fort- und Weiterbildung. Martin Fugmann schließlich fragt aufgrund der Erfahrungen der Deutschen Schule im Silicon Valley nach dem Weg der Schule in die Digitalisierung, der für ihn richtig begangen ein Schritt zu mehr Demokratie und Bildung der Beteiligten ist. Ein visionärer Ausblick des Herausgebers schließt den Band ab und fasst in sieben Trends die Beiträge perspektivisch zusammen. Diese Trends sind aus meiner Sicht auch über den Schulkontext hinaus interessant: Der erste Trend ist – wie zu erwarten – die Digitalisierung. Es folgen die Personalisierung und damit eine neue Lehrerrolle, die Vernetzung, die Veränderung des Lehr-/Lernraums, eine Gesundheitsorientierung, Demokratisierung und schließlich die Glücksorientierung. Hier wird ein Charakteristikum dieser neuen Schule besonders deutlich: Sie wird eine „Potenzialentwicklungsschule" (175) sein – das wäre was!

PGP für die Praxis

Lars Charbonnier

Liebe Leserin und lieber Leser, natürlich können Sie auch mit dieser Ausgabe der PGP sofort praktisch werden – nicht nur angeregt von den Beiträgen reflektierter Praxis. Sie finden **im ganzen Heft QR-Codes**, die Sie ins Internet und hoffentlich zu weiterführenden Entdeckungen führen. Mancher lässt sich vielleicht auch in Bildungszusammenhängen sofort nutzen, z. B. der direkte Weg zur **KonApp** (S. 52) mit Konfirmandinnen oder zur **Infothek des Datenschutzes** (S. 48) mit haupt- und ehrenamtlichen Mitarbeitern der Öffentlichkeitsarbeit.

Auch auf unserer Homepage haben wir für unsere Abonnentinnen und Abonnenten direkt verwertbare Unterstützung eingestellt, etwa die Hinweise für die Arbeit mit **Virtual Reality** (S. 29) oder für eine eigene Andacht nutzbares **Bild-**

material zur Nike von Sebastian Hertrich (S. 58 f.). **Druckvorlagen** für den von den Netzteufeln vorgestellten DissKurs finden Sie fort ebenfalls (S. 16 f.).

Wenn Sie mit Ihrem Leitungsgremium oder Ihrem Team für **Öffentlichkeitsarbeit** im weitesten Sinne das Thema Digitalisierung aufnehmen wollen, setzen Sie sich mit den fünf Thesen von Sebastian Keller (S. 36 f.) als Einstieg in das Gespräch auseinander.

Die **Junge Gemeinde** kann mit den Arbeitsaufträgen auf S. 45 sofort loslegen und die Selfies mit dem eigenen Smartphone schießen und in der Gruppe teilen und besprechen. Oder den **Instawalk** initiieren (S. 55), Material dazu findet sich ebenfalls auf der Homepage.